칵테일

현대인을 위한 홈 칵테일

편집부편

▲피냐 콜라다(Pina Colada)

  화이트 럼 30㎖, 파인애플 쥬스 60㎖, 코코낫 밀크 20㎖, 생크림 10
㎖를 크랏슈트 아이스와 함께 믹서하여 콜린스 그라스에 넣는다. 파인
애플 1개를 장식하고, 스트로를 꽂아 완성한다. 사진은 부띠끄 다이너
스사(社) 제품인 크림 컵에 피냐 콜라다를 넣은 모양을 찍은 것이다.

▲사이드 카(Side Car)

　브랜디 2 / 4, 코안트로이(Cointreau) 1 / 4, 레몬 쥬스 1 / 4를 잘 섞어서 칵테일 그라스에 넣는다. 사진은 바카라사(社) 제품인 크리스탈 그라스에 사이드카를 담은 모양.

▲올드 패션(Old Fashioned)

　버본 위스키 40㎖, 앙고스튜라 비터즈 2~3대시. 먼저 올드 패션 그라스에 큐브 슈가 1개가 든 앙고스튜라 비터즈로 적셔서 플랜 워터를 1티스폰 가해서 약간 녹인다. 그런 다음 큐브 아이스 수 개를 더해서 버본 위스키를 넣은 다음, 나선형으로 자른 레몬 껍질과 마라스키노 체리 1개를 장식한다. 그런 다음 마드라를 꽂는다.

▲블루디 메어리(Bloody Mary)

　워커 40㎖, 토마토 쥬스 160㎖, 셀로리염(소금) 한웅큼, 타바스코
1~2대시, 우스터 소스 2~3대시를 섞어서 큐브 아이스가 든 콜린즈
그라스에 넣은 다음, 레몬 슬라이스를 장식한다. 레몬 쥬스는 2~3방
울 더해도 좋다. 메어리 1세의 별명으로, 그는 신교도(新教徒)를 박해
하였었다.

▲버크스 피즈(Buck's Fizz)

　서어 그라스에 오렌지 쥬스 90㎖를 넣고, 차게 한 샴페인을 적당한 양으로 타면 버크스 피즈가 된다. 이 사진은 라틱사(社) 제품인 크리스탈 그라스에 버크스 피즈를 담은 모양을 찍은 것이다.

▲점비(Zombie)

　화이트 럼 15㎖, 골드 럼 20㎖, 레몬 쥬스 20㎖, 오렌지 쥬스 30㎖, 라임 쥬스 1대시, 크림 드 노와요 1티스푼, 그란 마루니에 1티스푼, 그래나디언 시럽 1대시를 혼합하여 크랏슈드 아이스가 든 8온스의 탬블러에 넣는다. 신선한 느낌을 주기 위하여 귤이나 오렌지 등을 얇게 잘라서 장식하도록 하고, 스토로를 2개 꽂거나 인형으로 장식해도 좋다.

▲풋시 푸트(Pussy Foot)

　오렌지 쥬스 50㎖, 레몬 쥬스 50㎖, 라임 쥬스 50㎖, 그래나딘 시럽 1대시, 계란 노른자 1개를 잘 혼합하여 셔어 그라스에 넣는다. 레몬 슬라이스와 체리로 장식하여 분위기를 돋운다.

현대인을 위한 홈 칵테일

칵테일

편집부편

머 리 말

　'술의 예술'이라는 말이 허용된다면 그것은 분명히 칵테일일 것이다. 술은 오랫동안 인간과 더불어 발전해 왔다. 술의 역사는 곧 인간의 역사라고 해도 과언이 아닐 정도로 술은 인간의 생활에 있어서 그 의미를 진하게 간직하고 있다.

　술이 없는 인간 생활을 생각할 수 있을까? 술은 우리 인간 생활에 있어서 불가분의 관계에 있음에도 불구하고, 동서고금을 통하여 술에 대한 반대의견이 끊임없이 대두되어 왔다. 그것은 술이 우리 인간에게 미치는 영향이 좋은 쪽보다는 나쁜 쪽으로 더 많이 미친다는 까닭이다. 술은 인간의 두뇌를 마비시키고 나아가 이성(理性)의 눈을 감겨버린다고 많은 사람들은 믿고 있는 것이다.

　그러나 한편으로는 술은 우리의 정서를 보다 인간적이게 하고, 다양한 스트레스를 잊어버릴 수 있게 해준다는 점에서 무조건 나쁜 쪽으로만 생각할 수도 없는 것이다. 여기에서 연구되어지고 파생되어진 것이 바로 술의 예술 내지는 술의 미학이다. 술은 인간을 한껏 인간적이게 하고, 때로는 인간 이상의 용기도 줄 수가 있다는 것이다.

　그래서 수많은 술의 애호가들은 술을 보다 낭만적이고 예술적으로 마시려고 노력했던 것이다. 술의 예술의 본령이라고 할 수 있는 칵테일의 역사는 여기에서부터 비롯된다고 보아진다. 인간을 해치지 않게 하고, 보다 인간적인 멋을 더욱 두드러지게 하고, 아름다운 선율처럼 분위기를 만끽하면서 술을 음미할 수 있도록 하기 위해 세계의 많은 애주가들은 고심하면서 칵테일을 발전시켰던 것이다.

술은 우리의 생활에서 떨어질래야 떨어질 수 없는 불가분의 관계에 있는 것이라면, 그 술을 보다 인간에게 유리하게 응용하면 어떨까?

이 책은 칵테일에 관한 모든 것을 다룬 술의 진짜 참고서라고 해야 할 것이다. 실생활에서도 적당히 응용될 수 있고, 보다 품위 있는 분위기를 연출하면서 삶을 한껏 만끽할 수 있는 칵테일 가이드로서 부족함이 없는 실용서가 될 수 있을 줄로 믿는다.

차   례

1. 칵테일 / *19*

(1) 유래(由來) ……………………………………………… *19*
(2) 바아(bar) …………………………………………………*26*
    ① 전문적인 바아………………………………… *29*
    ② 홈 바아(home bar) ………………………… *32*
    ③ 오랜지 쥬스……………………………………… *33*
    ④ 벌레 막기……………………………………… *33*
    ⑤ 주류의 선택…………………………………… *34*
    ⑥ 혼합주…………………………………………… *36*
    ⑦ 스피리츠와 리큘의 보존법………………… *38*
    ⑧ 기법……………………………………………… *39*
    ⑨ 관례……………………………………………… *41*
    ⑩ 바아의 용구와 부재료……………………… *42*
    ⑪ 가벼운 오드볼………………………………… *53*
(3) 주요 종류…………………………………………… *55*
    ① 롱 드링크스와 숏 드링크스……………… *55*
    ② 칵테일의 종류………………………………… *55*

（4） 칵테일 만들기 ··· *71*
　　① 이 책의 표기 ··· *71*
　　② 처방의 기본과 용어해설 ····························· *71*

2. 칵테일에 얽힌 이야기 / *75*

（1） 환상의 꼬냑 ··· *75*
（2） 주당(酒黨) 소크라테스 ······························ *80*
（3） 주신(酒神)의 제일(祭日) ·························· *84*
（4） 체홉의 작품과 술 ······································· *88*
（5） 세상을 바꾼 브랜디 ···································· *92*
（6） 칵테일 이야기 ··· *97*
（7） 키스와 칵테일 ··· *100*
（8） 알리지 않을 수 없는 격돌 ························· *106*
（9） 더블 더블 이야기 ······································· *109*

3. 칵테일에 얽힌 은어와 농담 / 115

(1) 문 샤인(moon shine) ··································115
(2) 무허가 술집 ··118
(3) 눈먼 돼지··121
(4) 처녀개화(處女開花) ······························ 123
(5) 어리석은 남자의 목······························126
(6) 그레드 아이(eye) ······························ 129
(7) 팬지 칵테일·· 131
(8) 스크류 드라이버·································· 132
(9) 보일러 메이커···································· 133

4. 칵테일의 건강법 / 135

(1) 우아한 삶··· 135
(2) 겨울 스태미너·································· 144
(3) 봄의 피로 회복··································· 149

(4) 여름을 타지 않는다·································155
(5) 맑은 가을에 쾌조·······························161

5. 버스데이 칵테일 / 169

(1) 네로 시대····································169
(2) 눈(雪)의 계절·····························173
(3) 꽃의 계절·································176
(4) 태양의 계절·······························181
(5) 달의 계절·································184
(6) 선택의 다양성····························190

♡인간은 술(酒)을 만들고 술은 인간을 지배한다 !

1. 칵테일

(1) 유래(由來)

칵테일이란 영국에서 18세기에 생긴 속어인데 '꼬리를 세우고 있다'라는 의미이다. 이 말은 처음엔 잡종 말 또는 어미 중 한쪽이 순수 혈종인 말을 의미했었으나, 더 나아가 승산이 없는 경마장의 말을 일컫는 뜻으로 쓰였다. 그런데 어째서 그것이 음식의 이름이 된 것일까?

그것은 아마 잡종이라는 특질과 순수한 음료와 혼합 음료를 구별하기 위해서일 것이다.

칵테일의 초기 처방은 19세기 영국에서 생긴 것 같고, 빅토리아 왕조와 영국 식민지 시대의 전성기의 산물인 듯하다. 당시의 영국 사람은 손님을 초대하면 어페리티프로써 셰리주를 한잔 마신 뒤, 보르드(크라레)를 마셨다. 식사 때에는 제조 년호가 붙은 포토(포루트칼산)를 음미하고, 그 뒤 입안을 가시기 위해 즐겨 마데라주를 마셨다. 그러나 클럽에서는 많은 손님의 입에 맞도록 만든 혼합주가 잘 팔렸고 마시는 방법도 달랐다. 보르드를 사용하여 정성껏 만든 크라레 컵이나, 셰리를 베이스로 탄 셰리 코브라를 마셨던 것이다.

이들 혼합주를 넣어 내놓는 잔이 유서 깊은 트로피가 되는 경우도 종종 있어 최초에는 스포츠 경기의 우승배가 되었다. 19세기

(왼쪽에서부터 오른쪽으로) 스노우볼(Snow ball) 아멜 피콘 쿨러
루 라군, 폰 드 큐롯, 맨하탄.

(Amer Picon Cooler), 블랙 러시안(Black Russan), 로즈, 솔티 독, 블

'파티' 피터 스탬프리 그림 1964년

말에 많은 칵테일이 만들어진 기록이 있고, 그 중에는 오늘날에도 애용되고 있는 것이 몇가지 있다. 코브라, 클러, 크라스터, 컵데이지, 픽스, 스립, 쥬랩, 네규스녹, 포세, 펀치 리키, 상가리, 슬링, 스맷슈 등이 그것이다.

영국의 신흥 공업 도시의 노동자는 와인이나 포토는 입에 대지 않는다. 이들은 수입품이므로 무거운 세가 부과되어 있어 그야말로 사치품이었기 때문이다. 그들이 마시는 것은 맥주나 진이었는데, 이 진은 1690년에서 1751년에 걸쳐 영국인 사이에서 유행하여 고통스러운 '진 시대'를 가져왔다. 알콜 중독이 만연되어 사회를 해롭게 하게 되었던 것이다. 진을 마시기 위해 세워진 가게(파레스)는 대부분 이국적인 나무로 만들어져 있었고, 컷그라스의 거울이 여기 저기 박혀 있었다.

어떤 유명한 진 파레스는 그 명칭은 변했으나 당시의 화려함을 그대로 알려주고 있는 것이 있다. 팝이다.

진 그 자체는 맛있는 술이 아니었다.

증류법이 불완전했으므로 흐렸고, 게다가 쥬니퍼 베리(노간주나무)와 코엔드로의 장과로 강한 향기를 내고 거기에 감미를 가해 입맛을 좋게 하지 않으면 음료가 되지 않았다.

진의 강한 맛을 없애기 위해서는 무엇인가를 보충하는 것이 가장 자연스러운 방법이었다.

19세기에 식민지 제국에서 야전을 겸한 영국군 장교들은 말라리아열의 약으로써 복용하는 키니데를 진과 함께 마셨는데, 전지(戰地)에서 귀환한 뒤에도 진 만은 변함없이 계속 마셨다. 진 토닉을 비롯한 많은 알콜 음료를 영국에 가지고 들어온 것은 그들이었다.

이런 식으로 해서 그 권세를 세계에 자랑하고 있던 절정기의 영국에서 최초로 혼합주가 만들어진 것인데, 프랑스에서는 라타피아(오 드 비라는 포도의 과즙을 혼합한 것)와 샹베리 등 몇가지의 벨못트주 밖에 알려져 있지 않았다.

19세기에 미합중국에서는 비극적인 독립전쟁이 일어났다. 국가는 불안정하고 국민은 주권과 청교주의(퓨리타니즘)를 깃발로 내걸었다. 그리고 제1차 세계 대전에 의해 세계사의 흐름을 바꾸어

놓는 일이 일어난다. 그 때까지는 유럽 제국의 채무자였던 합중국이 돌연 채권자가 되었던 것이다. 프랑스와 영국은 독일에 지불할 지불보상금을 미국에서 대신 지불해 받아야 했던 것이다.

1922년 제1차 세계대전이 끝나자, 유럽은 붕 뜬다. 그야말로 '우울한 시대'였다. 몽빠르나스에 프랑스나 미국의 화가와 작가들이 모이는 시대였다. 사람들은 노래하고 춤추고 웃는다. 초기의 재즈음악이 미국에서부터 들어와 런던이나 파리에서 울려퍼지는가 하면 미국인은 청교주의를 버리고 쾌락을 구하는 시대로 들어간다. 전기가 발견되고 자동차가 달린다. 도를 넘어선 쾌락주의의 파도는 주식시장과 경제 전반에 영향을 미친다.

그런데 이 중에 합중국은 금주법 시대(1919~1933)를 맞아 10년 이상에 걸친 법률(제18회 수정안)에 의해 음주 금지가 되었다. 사츄세트주에서는 18세기 중엽부터 이미 알콜을 금지하고 있어 럼주로 취하는 일이 없게 되었다. 음주벽을 없애기 위한 싸움은 미국 국가주의를 표방하는 보수적인 사람들 사이에서 더욱 열심이었다. '미국 주류 판매 반대 동맹(1895년 창립)' 통칭 '진보주의자'에 의하면 알콜 중독은 퇴폐적인 유럽 사회의 해악으로 카톨릭 교도의 이주자(영국인, 아일랜드인 등)가 합중국에 가지고 들어온 것이며, 이 악폐를 제거하여 건전하고 또한 민주적인 미국을 재건해야 한다는 것이다. 이 금주 운동은 정치에 그 영향을 미쳐 그 때문에 삿코와 반젯테이가 무실(無實)한 죄목으로 전기 의자로 보내졌다.

금주법이 합중국 전체에서 가결되자, 비합법적인 주조소가 만들어지게 되고 밀매가 횡행했으며, 지하 술집(스피크 이지)이 출현하여 주인은 돈을 모았다. 이에 주목한 갱들은 무력으로 나태한 시당국이나 연방정부를 공격하여 총탄 세례를 퍼부었다. 알 카포네나 범죄 신디케이트꽃이 상당하던 시대이다.

혼합물인 주류가 매우 비싼 가격으로 팔렸고, 미국인들은 그것을 샀다. 그러나 그때까지 마셔지던 것은 적고, 후르츠 쥬스나 그 외의 성분이 가해졌다. 맛을 섞는 것과 함께 관헌(官憲)의 입수에 대비하여 주성분을 감추기 위해서였다. 술을 은밀히 마시는 '스피크 이지'의 바텐은 위반자인 손님의 지혜를 빌리면서 알콜분이 전혀 들어있지 않은 조합법 '데시피'를 생각해냈다. 이렇게 해서 만들어진 것이 픗시 픗과 그에 유사한 것이다(이 책에서는 럼 베이스의 픗시 픗을 소개했다).

여행자는 한결같이 바아에서 술에 빠지는 주말(웨이트 위켄드)을 기획했다. 큐바에서는 마실 수 있었기 때문이다. 이렇게 하여 하바나는 몇년 내에 다이키리 큐반, 큐바 리브레 등 칵테일의 도시가 되었다. 이 정도가 되자 법률이 무시되게 되어 연방정부는 1934년 제18차 수정안의 폐지에 이른다. 그리고 전쟁의 위기 바로 직전에 유럽과 미국은 칵테일 시대를 맞았던 것이다. 브랜디 메어리와 사이드 카가 각각 1921년과 1924년에 파리에서 만들어져 세계적으로 마티니, 진 피즈, 아메리카노, 죤 코링즈(또는 톰 코링즈), 맨하탄이 마셔지게 된다.

'칵테일 파티'가 차와 댄스회에 받아들여져 대신하게 되고, 미국에서나 유럽 제국에서도 어두워진 시간에 칵테일을 즐기게 되었다.

(2) 바아(bar)

"(뉴욕에는) 프랑스에서와 같은 카페는 없지만 사방에 스탠드 바아가 있다"(L·시모넌, 양세계평론〈Revue des Deux Mondes〉 1875년 1월1일 호.)

바아는 음료를 마시는 공공 장소이며, 'bar'라는 영어는 손님과 카운터를 나누는 봉(棒)을 연상시킨다.

프랑스에서 음료를 파는 가게를 카페라고 부르게 된 것은 유럽에 이 진귀한 음료가 소개된 뒤의 일이다. 최초의 카페는 1654년 마르세유에 열린(카페는 이탈리아어로 caff의 전용으로 caff는 아라비아어인, gahwa가 터어키식으로 kahve로 변한 것을 빌려쓴 것이다). "1672년 파리에서 최초의 카페가 에콜 하안에 출현하였고, 1716년에는 이런 종류의 가게가 파리에 이미 300여 곳 있었다." (M. de Lescure J. O. 1875년 11월 17일)

18세기는 카페 전성시대이다. 그때까지 사람들은 주점에서 마시고 노래하고 또는 도박을 했다. 또 그 곳은 물품의 매매나 좋지 않은 상담의 장이 되었다. 여행자, 순례자, 방랑자, 도박사, 병사, 하사관이나 밀정이 모이는 장소였다. 경찰에게 있어서는 탐색의 구멍이며 경영자나 깡패가 많았고, 그 아내나 고용인 여자들도 때때로 돈을 벌었는데 간통죄를 묻는 일 없이 법률상 인정되고 있었다.

그러나 카페는 철학자나 혁명가가 만나는 장소이기도 했다. "샹 도미니크의 짙고 뜨거운 커피는 뷰퐁, 디드로, 루소와 같은 열렬한 영혼을 한층 뜨겁게 하여 프로코우프의 어두운 귀퉁이에 모이는 예언자들의 날카로운 투시력에 활력을 주었다. 그들은 이 검

은 음료 바닥에 1789년 처음 비친 새로운 빛을 보고 있었던 것이
다.”(미슈페). 이 까페 ‘프로코우프’는 드디어 마라, 단톤, 로베스
삐에르, 파브르 데그란티느 라는 역사상의 인물이 모이는 장소가
된다.

　카페에는 종류에 따라 여러 가지 이름이 있고, 그것들은 카페의
성격을 나타내고 있다.

　작은 카페로 역, 극장, 영화관, 댄스홀에 인접하는 가게는 뷰벳
트(뷔페 또는 서서 마시는 스탠드)라고 불리운다. 보다 일반적으
로는 타베르느(민예풍 카페, 레스토랑) 또는 에스테미네(이주점)
인데, 또 세속적인 이름으로는 비스트로 마스트로케(소매주점),

토리노의 옛 카페 ‘카르파소’

트로케(싼 이주점), 부슈(싼 캬바레), 가르곳트(싼 식당), 비비
(저속한 자리) 등이라고 불리운다. 카페 중에는 연극을 볼 수 있
는 카페 테아토르, 음악을 감상할 수 있는 카페 콘세르(약칭·카
페 콘스)쇼를 볼 수 있는 캬바레 또는 댄스를 할 수 있는 나이트
클럽이 있다. 이들 가게에서는 대부분 칵테일류가 나왔다. 그러나
1930년부터는 세계적으로 미국식 바아가 개점되어 매우 세련된
칵테일을 마실 수 있게 되었다.

1900년 무렵의 브로뉴 숲의 사이클리스트들의 산장. 쟝 베로 그림
(리르 드 프랑스 미술관 소장)

① 전문적인 바아

'칵테일 바아'는 멋이 있고, 사치스럽게 만들어져 있었으며 절도도 있는 휴식을 즐길 수 있는 장소이기도 했다. 조명은 손님이 릴렉스할 수 있는 분위기를 자아내도록 연구되어 있었다.

영국식 바아는 가장 고전적이고, 외장(外裝)에는 니스를 칠한 외국산 목재로 컷 그라스 거울이 여기 저기에 있으며 바닥에는 두꺼운 주단이 깔려 있고, 그 위에 가죽을 깐 팔걸이 의자가 놓여 있었다. 미국식 바아도 마찬가지로 안락감은 좋으나, 영국식 바아보다 조명이 어둡고 부드러우며 팔걸이 의자가 있었고 테이블이 낮았다. 그 외의 칵테일 바아에서 가장 인기가 있던 곳은 1920년대의 하바나나 하와이로 싱가폴의 분위기를 재현하고 있다.

바아 자체는 높이 1 m 내지 1.05 m, 폭은 약 60 cm의 카운터로 목재 또는 동이나 주석, 합금으로 되어 있다. 거기에 팔을 기대거나 나무에 앉아 마실 수 있도록 되어 있다.

바아맨은 카운터 뒤에서 작업을 하는데, 그 카운터에는 일을 하는 공간과 물을 갖춘 배수기가 달린 얼음통이 조립되어 있다. 얼음통은 술병을 차게하기 위해서 있는 것이다.

바아맨의 등 뒤에는 선반이 있어서 그 위에 술병이나 그라스가 놓여져 있었다. 선반은 보통 냉각 장치가 달린 코로젯트 위에 배치되어 있다. 카운터와 뒷벽과의 거리는 최저 1.3 m가 필요하다. 이것은 10~20 cm 정도로 바닥 보다 높이 하여 비흡습성의 피부재로 덮으면 편리하다.

바아맨은 몸가짐을 청결히 하고 꼼꼼하고 예의바르며 명랑해야 하는데, 특히 요구되는 것은 기술이다. 또 담배를 피워서는 안된

맘사(社)의 샴페인 '콜든 루쥬'의 포스터. 레 자트리에 세레 그림.

다. 음료를 만들 때는 사이폰의 상부를 잡고 그라스는 다리 또는
바닥을, 술병은 몸통 하부를 잡도록 주의한다.

샴페인의 마개를 주의 깊게 빼는 법을 터득해야 하고, 테이블까
지 가지고 가는 경우에는 음료를 쟁반에 얹어 손님의 오른쪽에
낸다(솜례와 같다). 항상 라이터나 성냥을 주머니에 넣어 손님에

알아두어야 할 칵테일 50가지

아이리쉬 커피	스팅거	상 그리아
아메리카노	스노우 볼	잭 로즈
올드 패션	좀비	샴페인 칵테일
깁슨	다이키리!	슈이세즈
김렛트	데킬라 썬라이즈	죤 콜린스
그라스호퍼	드라이 마티니	실버 휘즈
그록	네그로니	싱가폴 슬링
골든 캐딜락	바카르디	진 슬링
사이드 카	벅스 휘즈	진 휘즈
샤워 각종	하비 월벵거	스쿠류드라이버
피냐 콜라타	비숍	스코피온
핌즈 넘버 원 컵	브롱스	러스티 네일
파라다이스	포토 프립	럼 코린스
핑크 진	화이트 레이디	레드 라이온
블랙 벨벳	마가리타	로즈
블랙 러시안	맨하탄	로브 로이
블러드 메어리	프라페	

게 제공하기도 하고, 담배를 준비하여 불을 붙여 줄 수 있도록 해 둔다. 그리고 인기 있는 칵테일의 레시피는 모든 것을 알아두어야 한다.

② 홈 바아(home bar)

가정에서는 칵테일을 본격적으로 만들기 위해 카운터를 갖춘

"카페 뿌띠 뿌세" 삐에르 보나르 그림 1925년(브장슨 미술관, 브손 씨 기증)

바아는 필요하지 않다. 합중국에서는 바아가 가구의 일부가 되어 있지만 영국에서는 가정에 바아를 가지는 것은 '쇼킹' 즉, 악취미이며, 거실에 바아 전용 장을 만들어 붙이는 편을 즐겼다.

거실 한 구석에 전용 바아를 가지고 싶으면 술병을 장에 넣어 두고, 실내를 어지럽히지 않으면서 칵테일을 만들면 보다 간단할 것이다. 사실 튼튼한 장이 있으면 충분하다. 요는 술병을 빛이 닿지 않도록(리큘 중에는 산화되는 것이 있다) 먼지를 방지하고 다른 사람 눈에 띄지 않도록 할 수 있으면 되는 것이다.

거실이나 정원 등 손님이 있는 장소도 자유로이 움직일 수 있는 '이동 바아' 방식을 가져보아도 좋다. 우선 아랫쪽에 술병을 얹고 윗쪽에 기구나 그라스를 얹어 운반하면 되는 것이다.

③ 오렌지 쥬스

오렌지 쥬스로서는 오렌지의 과즙을 짠 것이 최고이다. 종류에 따라 과즙에 차이가 있으나 즙을 짜기 전에 과실을 열탕에 담그면 다량의 즙을 얻을 수 있다. 천연 과즙은 하루 밖에 가지 않아 냉장고에 넣어 보존해야 한다.

④ 벌레 막기

여름철에는 오렌지에 크로버를 꽂아두면 벌레를 막을 수 있다. 사이드보드 위에 얹어 두면 장식도 된다.

⑤ 주류(酒類)의 선택

2,3종류의 술이 있으면 충분히 여러가지 칵테일을 만들 수 있다. 그러나 다음 중에서 좋아하는 것을 선택하여 미니 바아를 만들면 편리하다.

· 위스키(브랜디드 스카치, 아이리쉬 위스키)

'포리 에드와드베르제르의 바아' 마네 그림 1882년(코토르드 콜렉션 런던)

· 버본 또는 라이 위스키

· 진 (런던 드라이 진)

· 워카

· 럼 (화이트 럼 및 골드 럼)

· 데킬라

· 꼬냑

· 알마냑

· 칼바도스

· 스위트 벨모트 (마티니 또는 틴자노)

· 드라이 벨모트 (노이리 프랫, 마티니 드라이 등)

· 파스티스(파르노)

· 리큘 아 로랑쥬 (그랑 마르니에, 코앙트로, 트리플 섹, 큐라소)

· 리큘 드 망트 (페퍼민트 또는 크레임 드 망트의 흑색 또는 백색)

· 리큘 오 쇼코라 (크레임 드 카카오의 마롱 및 백)

· 리큘 드 카페 (티어 마리아 또는 카루아)

· 리큘 드 카시스 (크레임 드 카시스 드 디죵)

· 리큘 · 더브리코 (크레임 더브리코 또는 어프리콧트 브랜디)

· 리큘 드 프레이즈 또는 리큘 드 프랭보워즈

· 리큘 드 바나누 (크레임 드 바나누)

· 리큘 드 만다링

· 리큘 드 노와요

· 약초를 베이스로 한 리큘(샤르트류즈의 녹색 및 황색. 베네틱틴, 베르베느 듀 브레, 이자라의 녹색 및 황색 등)

· 리큘 아 라니스 (아니젯트)

· 그 외의 외국산은 리큘(드랜뷰이, 사쟝 콩포트, 스트레이거,

가리아노)

· 오렌지 비터스 (앙고스튜러 비터스)

· 슈가 시럽

· 그레나딘 시럽

· 아몬드 시럽

· 탄산

처방에 따라 소다류(인디안 토닉, 레몬 비타, 콜라, 진저 엘) 맥주, 와인, 샴페인이 필요한 경우가 있다.

홈 바아이면 원하는 칵테일에 따라 10종류 정도의 주류가 있으면 충분할 것이다. 홈 바아는 가격이 비싸다고 일컬어지는데 이것은 문제가 되지 않는 경우가 많다. 베이스의 종류를 폭넓게 여러 가지 써서 혼합주를 만들어내는 경향이 강함으로 그 단가는 종래의 맛이 없는 어페리티프 보다 싸게 먹힌다.

또 칵테일의 알콜도는 베이스가 되는 술의 알콜 도수 보다 반드시 낮다. 칵테일의 과반수가 알콜 함유도 18도 이하의 음료이다. 그렇다고 해서 칵테일이 무해한 것이라는 뜻은 아니고, 알콜분이 적으면 마셔도 위험하지 않다고는 할 수 없다.

⑥ 혼합주(混合酒)

"가슴이 답답해질 듯한 의미도 없이 시간이 걸리는 칵테일은 그들이 주문하고 모오 갸라는 그것을 만들었다."

(P·모디아노 '환상의 길')

짬뽕 음주는 금물이다. 식사중에 다른 와인을 2,3 종류를 계속해서 마시면 반드시 기분이 나빠진다. 그러나 매우 이상하게도 아

럼술 '페피터'를 위하여 J.디런이 그린 포스터. 1920년 작품. 파리 포르네이 도서관소장.

주 양질의 와인이나 상품 알콜을 절도있게 마시면 이 현상이 일어나는 빈도는 훨씬 적다.

양질의 와인과 상품 알콜의 조건이란 무엇인가.

화학 분야에서 일하는 것도 아니고, 와인 연구를 한 적도 없으면 대답하기는 어려운 질문이다.

스피리츠나 리큘도 사정은 마찬가지이지만 와인보다는 복잡하다. 양질의 증류주(오 드 비)를 얻기 위해 무엇보다도 중요한 것이 상처가 나지 않은 원료를 바르게 증류하는 것이다.

숙성이나 혼합은 오 드 비 그 자체의 품질을 보다 좋게 하기 위한 조작이다. 따라서 물론 나쁜 성분을 혼합하면 결코 좋은 칵테일은 만들 수 없지만, 칵테일에 꼬냑 등 고품질의 원료를 사용할 때는 V, S, O, P 이상의 것을 사용할 필요는 없다.

⑦ 스피리츠와 리큘의 보존법

와인은 콜크 마개를 와인이 젖도록 항상 뉘워 보존해야 하는데, 스피리츠나 리큘류의 병은 세워두어야 한다. 병에 들어가게 되면 이들은 술통 내벽의 목재와 접촉해 있을 동안 뿐이다.

와인과 마찬가지로 스피리츠는 빛을 싫어하고 어두운 곳을 좋아한다. 후루츠 리큘 안에는 빛에 의한 산화로 품질이 손상되고 점점 산화되어 버리는 것이 있다.

습도는 그다지 문제가 되지 않으므로 스피리츠나 리큘을 지하실에 저장할 필요는 없다. 장에 보존하는 것으로 충분하다.

⑧ 기법(技法)

알콜 음료끼리의 혼합은 항상 실시되어 왔다. 쿠퍼쥬에 의한 혼합와인, 어셈블러쥬에 의한 고품위의 혼합 증류주 등 시판되고 있는 대부분의 알콜 음료는 혼합주이다.

혼합의 원리는 간단하다. 즉, 2종류로 수종(數種)의 다른 술을 혼합하여 그 장점을 가하는 것이다. 그러나 실제로 맛을 만들어내는 것은 그다지 간단하지 않다. 장점과 함께 단점도 가해지기 때문이며 또 2종류의 나쁜 술에서 맛있는 혼합주가 생기지는 않는다. 칵테일을 만드는 기법은 그야말로 2종류의 맛있는 음료를 결합하여 보다 맛있는 음료를 만들어내는 데 있다. 이 기법은 종종 '음료의 원리(퀴지느 데 보와송)'라고 불리운다. 실제로 모든 요리와 마찬가지로 이것도 특정 용구, 엄격한 규칙, 지켜야 할 사항이 있다. 그러나 우리들의 끝없는 레저 문명에 약간의 창조를 가져오고, 세련된 터치를 가미하여 '음식물 세프'의 즐거움을 만끽하는 것 만큼 즐거운 일도 없을 것이다. 세이커, 아름다운 그라스, 과일, 술병에 경탄의 눈길이 쏠리지만 그렇다고 너무 많이 마시지 않도록 주의하는 편이 좋다. 매력적인 외관에 이끌려 지나치게 마시면 위험을 초래하는 알콜 음료가 숨어있으니까.

또 알콜 음료의 혼합 때에는 중요한 규칙이 있다. 결코 곡물을 원료로 하는 증류주(위스키, 진, 워카 등)와 와인의 증류주 (꼬냑, 알마꼬냑 등)를 혼합하지 말라는 것이다. 단 이 원칙의 예외가 되는 레시피도 몇가지가 있다.

같은 성질의 스피리츠 끼리도 혼합하지 않는다.

예를들면 곡물을 원료로 하는 알콜류 끼리(위스키와 진, 위스

키와 워커) 또는 와인의 증류주 끼리(꼬냑과 알마꼬냑 또는 마아르)의 혼합이다.

그 외에도 다음과 같은 혼합은 당연 상성(相性)이 나쁘다고 생각된다(럼과 카르 바도스, 꼬냑과 럼, 알마 꼬냑과 카르바도스, 럼과 진, 위스키와 럼 등)

⑨ **관례**

어느 칵테일에나 1종류에서 수종류의 베이스가 되는 성분과 1종류에서 수종류의 부재료가 있다.

베이스는 혼합주에 콕을 가하고 부재료는 풍미와 색채에 변화를 가한다.

칵테일 만드는 방법은 4가지이다. 그라스 안에서 직접 만드는 방법, 믹싱 그라스를 사용하는 방법, 쉐이커를 사용하는 방법 그리고 믹서를 사용하는 방법이다. 직접 그라스 안에서 균질의 혼합주를 만들고 싶을 때 보통은 바아 스푼 또는 거품기를 사용한다. 이 방법이 가장 간단하고 빠르다. 믹싱 그라스를 사용하는 경우에는 그라스의 바닥에 큐브 아이스를 몇 개 넣고 재료를 부은 후, 스푼으로 저어 섞는다. 믹싱 그라스는 주요 성분을 냉각시키면서 섞기 때문에 이 방법을 취하면 혼합주를 망치는 경우는 적다. 그러나 음료가 묽어지지 않도록 얼음이 흘러서는 안된다. 또 스푼을 단시간(약 10초 동안)에 재빠르게 움직여야 한다. 다음에 쉐이커를 사용하는 경우, 쉐이커 바닥에 큐브 아이스(또는 얼음 조각)를 몇개 넣어 두고 재료를 붓는다. 캡을 꽉 채우고 혼합물과 얼음을 밀봉한다. 약 10초 동안 치듯이 쉐이커를 강하게 잘 흔든다 (힘없이 흔들지 않도록). 다음에 캡을 빼고 안의 음료를 그라스에 붓는데, 얼음을 쉐이커에 남겨 두기 위해서 보통은 거르면서 붓는다. 쉐이커를 사용하는 것에 의해 차가워지면서 균질의 혼합물을 얻을 수 있다. 또 쉐이크하는 것에 의해 쉐이커 안의 공기를 음료에 집어넣을 수 있다. 다음에 믹서를 사용하는 경우, 용기에 조각 얼음과 재료를 넣고 몇 초간 섞는 작업을 하면 매우 찬 칵테일을 얻을 수 있다.

스트레이너로 걸러도 되지만 대부분은 그대로 그라스에 붓는다.

⑩ 바아의 용구와 부재료

칵테일을 만들기 위해서는 최소한의 기구와 베이스로 쓸 주류 및 신선한 재료가 필요한데 다음과 같은 것들이다.

●기구

마개 따기가 달린 솜례 나이프

요리용 나이프와 소형 도마 (후루츠나 스트로 등을 자르기 위해)

소형 포오크

혼합용 스푼(바아 스푼)

믹싱 그라스

칵테일 쉐이커(3부품) 또는

보스톤 쉐이커(2부품) 또는

스피드 쉐이커(1부품)

믹서

스트레이너(또는 호오손 스트레이너)

깔때기

아이스 통(또는 얼음용 스푼)

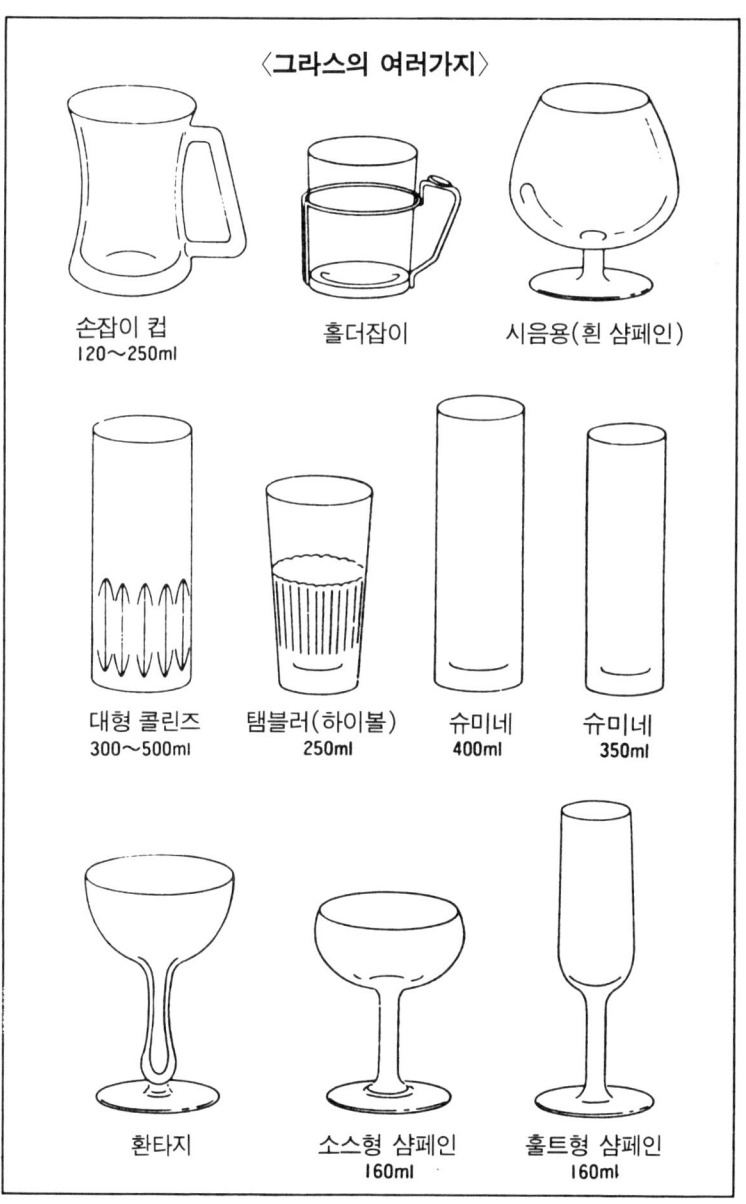

〈그라스의 여러가지〉

손잡이 컵
120～250ml

홀더잡이

시음용(흰 샴페인)

대형 콜린즈
300～500ml

탬블러(하이볼)
250ml

슈미네
400ml

슈미네
350ml

환타지

소스형 샴페인
160ml

홀트형 샴페인
160ml

올드 패션
150〜330ml

더블유 올드 패션
550ml

피스 카페
80ml

포트용
60〜80ml

칵테일
70〜120ml

서어
150ml

트로피컬
150〜200ml

고브렛트
180〜240ml

쉐리
60〜80ml

브랜디
120〜250ml

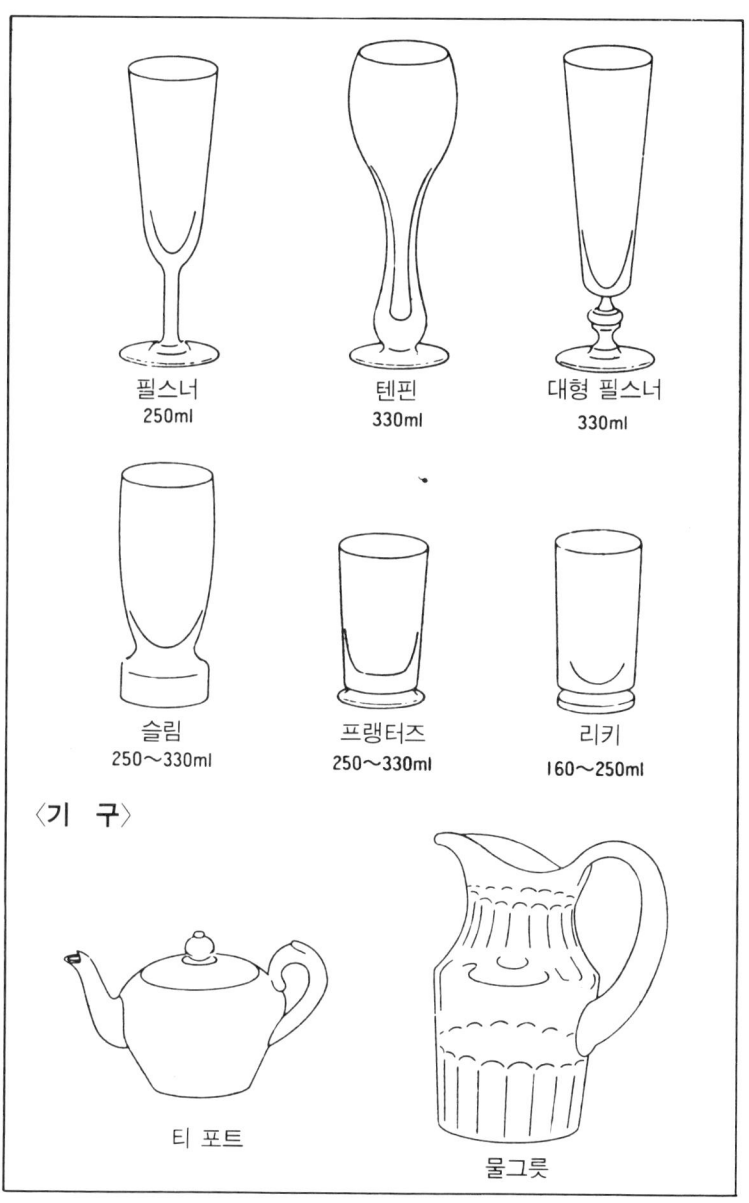

필스너
250ml

텐핀
330ml

대형 필스너
330ml

슬림
250~330ml

프랭터즈
250~330ml

리키
160~250ml

〈기 구〉

티 포트

물그릇

커피 포트

스트로

사이폰

녹색 스트래너

혼합용기

디캉(丸底)

펀치 볼

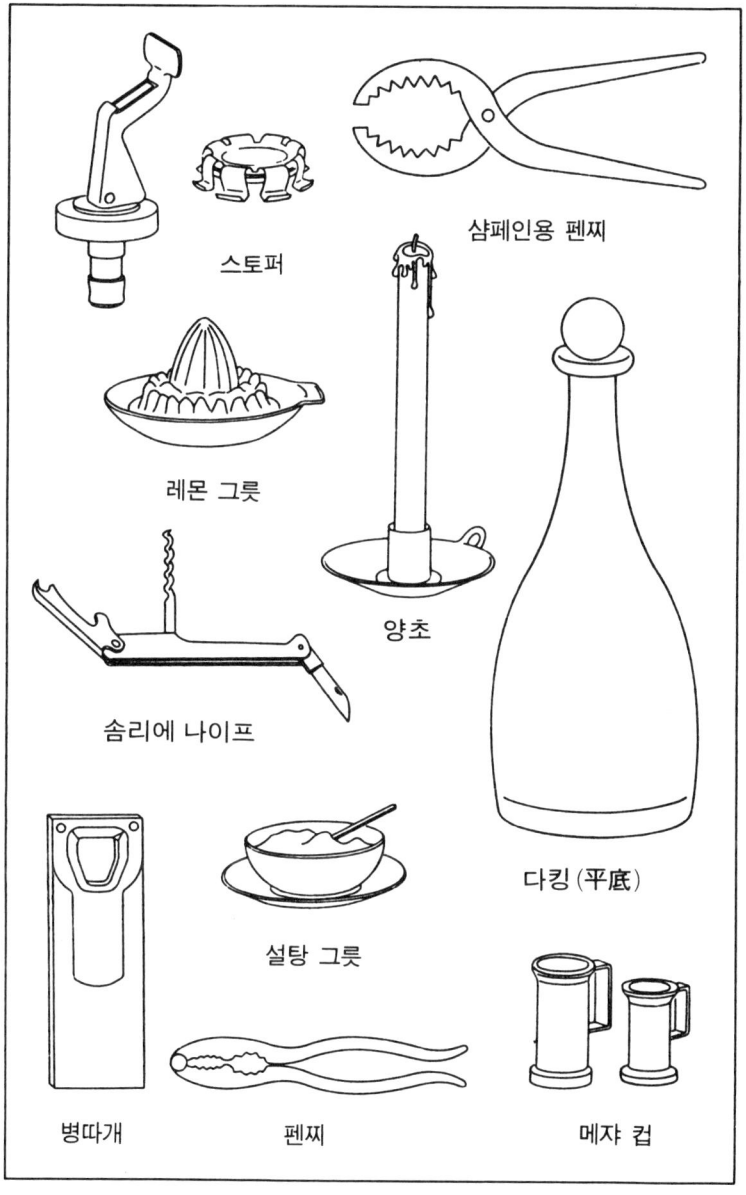

스토퍼

샴페인용 펜찌

레몬 그릇

양초

솜리에 나이프

다킹(平底)

설탕 그릇

병따개

펜찌

메쟈 컵

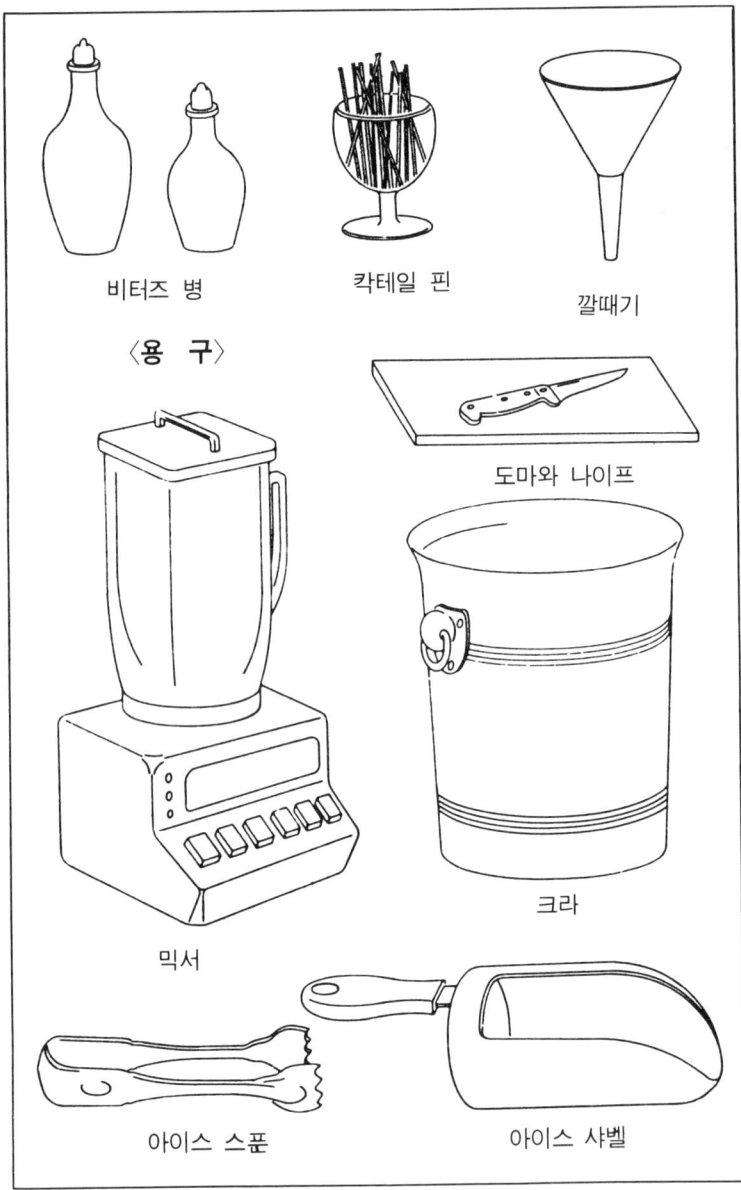

비터즈 병   칵테일 핀   깔때기

〈용 구〉

도마와 나이프

크라

믹서

아이스 스푼   아이스 샤벨

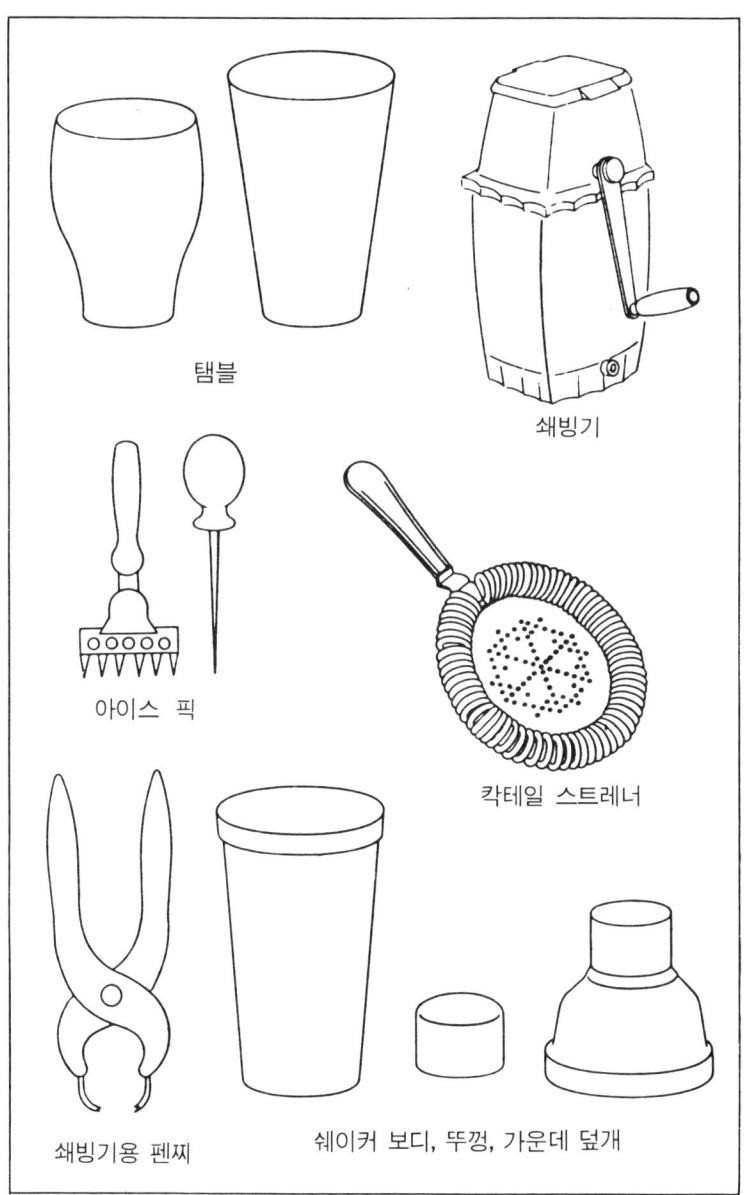

탬블

쇄빙기

아이스 픽

칵테일 스트레너

쇄빙기용 펜찌

쉐이커 보디, 뚜껑, 가운데 덮개

아이스 페일(등온(等溫)을 유지할 수 있는 쪽이 좋다)

레몬 짜는 기구 (스쿠이저)

손잡이가 달린 파이렉스제 물주전자(뜨거운 음식용)

쿨러(샴페인용 페일)

음주용 메져 컵(일반적인 것은 30ml와 45ml 용기)

오렌지 비터스용 점적병

탄산용 사이폰

위스터소스용 점적병

핫페퍼소스용 점적병

깬 얼음 만드는 도구(아이스 픽류)

데칸터(와인 또는 포오토의 교환 용기)

타올 몇장과 그라스용 행주 1장

 • **부속품**

여러 가지 그라스(칵테일 그라스, 탬블러, 바론형, 후루츠형, 튜울립형, 시음용 등)

스트로통

마드라(목제 또는 프라스틱제)

혼합용 스틱

샴페인용 거품기

 • **부재료**

오렌지 비터스(앙고스튤러)

탄산

마라스키노 체리

그린 올리브(보통 것에 아몬드, 피망, 안쵸비를 넣은 것)

화이트 어니온

각설탕

가루 설탕(흰색, 검은색)
소금
세로리염
후추
시나몬(스틱 타입과 분말 타입)

크로우브
진저
우스터소스
홋페이퍼소스(디어블소스, 다바스코)
가루 커피 및 가용성 거피
분말 초코렛

바닐라

작은 봉지에 든 약초류(민트, 티율, 참피나무의 꽃과 말린 것)

홍차

슈가 시럽

그레나딩 시럽

크코낫 크림(로페스)

레몬(미가공)

라임

오렌지(미가공)

각종 과일(바나나, 마라쿠아, 포도, 후루츠, 코코낫 등)

오이

파인애플

후레쉬 민트

우유

계란

생크림

⑪ 가벼운 오드블

굶주린 배에 칵테일을 마시는 경우도 있으므로 빈 위(胃)에 알콜을 흘려넣지 않도록 안주를 갖추는 편이 좋다. 안주접시를 준비하기 위한 2,3 가지의 예를 들겠다.

피넛츠, 비스타치오, 하젤넛츠

카슈넛츠, 아몬드

그린 올리브, 블랙 올리브

말린 소세지, 쵸리소

스틱을 꽂은 에멘탈 (또는 칸탈)

당근, 세로리 줄기, 오이

메추리알

다음 재료로 카낫페를 만들어도 좋다.

램프생선의 알 또는 캐비어

안쵸비 기름 절임 또는 안쵸비 페스트

훈제 연어 또는 무스

레버 무스 또는 테리누

각썬 메론과 바이욘느산 함피악 젤브(파세리, 셀퓨, 에스트라곤, 시브렛 등의 향초를 썬 것)가 들어있는 화이트 치즈.

(3) 주요 종류

칵테일의 정식 분류법은 없다. 습관이 규칙을 만들고, 또 간단한 방법에서부터 여러 가지 칵테일이 생기기 시작해 하나의 종류를 얻을 수 있기 때문이다.

① 롱 드링크스와 숏 드링크스

숏 드링크는 단시간에 마셔 버리는 것으로 30ml에서 120ml 용량의 그라스로 마신다. 알콜 도수는 여러 가지로 40도 전후(생주)에서부터 12내지 10도까지(보다 낮은 알콜분 또는 비알콜분의 음료를 섞어 약하게 한 것)이다. 크라스터 필스, 데이지, 프렛퍼, 스맷쉬, 샤워, 스트레이트 등이다.

롱 드링크는 비교적 느긋하게 시간을 들여 마시는 것으로 120ml에서 330ml (경우에 따라서는 더욱 대형)의 그라스로 마신다.

스피릿츠 또는 리큘을 탄산, 소다, 과일즙, 맥주, 와인 등과 섞어 보통 숏 드링크 보다도 알콜도가 낮게 갈증을 해소하는 데 적합하다.

② 칵테일의 분류

에프터 디너(After Dinner)
'디제스티프'라고 불리우는 칵테일로 식후에 마신다.

에그녹(Eggnogs)
계란과 우유를 베이스로 하여 브랜디 또는 럼을 40ml 가한 것으로 핫과 콜이 있다. 탬블러 (330ml) 또는 다리가 달린 그라스 (280ml) 에 넣는다.

올드 패션(Old Fashioned)

올드 패션 그라스에 넣어 마시는 음료. 안고스튜러 비터스를 3 대시 넣은 큐브 슈가 1개를 그라스에 넣고 라이 위스키(버본 또는 스피릿츠) 40ml 와 큐브 아이스 또는 크랫슈드 아이스를 넣는다.

스푼으로 저은 다음 기호에 따라 소량의 탄산을 섞고, 오렌지 슬라이스 반과 말라스키노 체리 1개를 장식한다. 마드라를 가하여 낸다.

온 더 록(On the rocks)

큐브 아이스를 넣어 마시는 음료.

칵테일(Cocktails)

여러 가지 종류의 술을 혼합하여 만든 음료의 총칭으로 알콜분을 포함하는 것도, 전혀 포함하지 않는 것도 있다.

컵(Cups)

롱 드링크로 베이스의 와인을 얼음에 붓고 과일, 오이, 민트 등으로 다채롭게 장식한다. 이 이름은 스포츠 경기의 트로피와 비슷한 은제 대형 잔으로 마시기 때문에 붙여진 것이다. 미리 만들어 둘 수가 있어 파티에서 자주 나온다. 250ml의 다리가 달린 그라스나 손잡이가 달린 그라스로 마신다. 만드는 방법은 콜드 펀치와 비슷한데, 장식이 여러가지로 내놓기 전에 침적시켜 두어야 함으로 만드는데 시간이 걸린다.

핌즈(Pimm's)

엄밀하게 말하자면 컵은 아니다. 와인이 아니고 중성 알콜을 베이스로 하고 있기 때문이다. 컵 중에서 가장 많이 알려져 있는 것은 상그리아, 크레이 컵 등이다.

쿨러(Coolers)

대형 그라스 (250㎖ 내지 300㎖) 안에서 직접 만드는 롱 드링크의 매우 애매한 명칭이다. 갈증을 해소시키는 것으로 너무 달아도, 알콜 분이 너무 많아도 안된다. 스피리츠 1종류를 베이스로 하여 설탕 또는 시럽을 가한 뒤 진져 엘이나 그 외의 발포성 음료를 섞는다.

가장 많이 알려져 있는 것은 럼 진 또는 카르바도스를 베이스로 레몬 쥬스와 설탕을 처방한 것. 붉은 와인이나 흰 와인을 베이스로 한 쿨러도 있다.

크라스터(Crustas)

숏 드링크. 샤워 그라스와 같이 다리가 낮은 그라스 (100㎖ 내지 150㎖)를 사용한다. 브랜디를 베이스로 한 것이 가장 일반적인데, 모든 스피리츠 또는 리큘을 베이스로 하여 만든다.

만드는 방법은 레몬으로 적신 그라스의 가장자리를 가루 설탕 안에 넣어 설탕을 씌운다(스노우 스타일). 큐브 아이스를 그라스에 채운다. 안고스 튜러 비터스 1대쉬, 말라스키노 3대쉬, 스피리츠 40㎖를 큐브 아이스 몇개와 함께 믹싱 그라스에 넣어 섞는다. 큐브 아이스를 남겨 두고 그라스로 옮기고, 말라스키노 체리 12개

▲엘 자르디네로(El Jardinereo)

화이트 럼 50㎖, 상브카 30㎖, 라임 쥬스 20㎖를 잘 혼합하여 훌트 형의 샴페인 그라스에 넣는다. 종이로 만든 파라솔을 장식하고, 스트로 2개를 꽂는다. 사진은 얇은 껍질만 남기고 속을 잘 파낸 오이 그라스에 엘 자르디네로를 넣고 종이 파라솔 등으로 장식한 모습을 찍은 것이다.

와 긴 나선상으로 깐 레몬(또는 오렌지) 껍질로 장식한다.

처방에 따라서는 말라스키노 대신 반개분의 레몬 쥬스와 작은 수저 1개 분의 가루 설탕 또는 시럽을 사용한다.

그록(Grogs)

스피리츠 1종류(럼, 위스키, 꼬냑, 카르바도스 등)를 열탕으로 섞고 작은 숟가락 1, 2개의 설탕 또는 꿀로 단맛을 낸 후에 1,2개의 클로우브를 꽂은 레몬 1개로 장식한 뜨거운 음료이다. 분말 또는 스틱상의 사나몬을 가해도 좋다. 뜨거운 음료이므로 마실 때 데지 않도록 그라스 홀러에 넣어 마신다. 다리가 달린 그라스를 사용해도 좋다.

코브라(Cobblers)

와인(라인강 유역의 와인, 소테르느, 아로마틱 와인) 또는 스피리츠를 베이스로 한 롱 드링크로 비교적 만들기 쉽고, 갈증을 해소할 수 있는 음료이다. 만드는 방법은 그라스에 큐브 아이스를 넣고 레시피에 따라 여러가지의 성분을 가하여 계절 과일이나 신선한 민트, 작은 가지를 장식한다. 스트로를 가하여 마신다. 와인 코브라(보르드, 볼고뉴, 라인 와인, 세리, 포토 등)와 스피리츠 코브라(럼, 위스키, 꼬냑, 진 등)가 있다.

콜린즈(Collins)

롱 드링크. 스피리츠 1개, 레몬, 쥬스, 얼음을 직접 탬블러에 넣고 탄산수를 얇게 만든다. 레몬 슬라이스나 말라스키노 체리로 장식한다. 본래 이름은 죤 콜린즈.

샤워(Sours)

레몬 쥬스와 스피리츠를 베이스로 한 숏 드링크. 이 음료의 특징인 신맛과 수염성을 잃지 않도록 설탕(또는 시럽)을 약간 가한다. 여기에 탄산 약간과 레몬 1개를 넣는다.

레몬에 말라스키노 체리를 장식하는 경우도 많다. 가장 널리 알려져 있는 것은 위스키 샤워인데, 진이나 럼, 꼬냑 등으로도 만들고 와인, 샴페인 같은 것들을 베이스로 해도 좋다.

상가리(Sangarees)

리키와 아주 비슷한 중간 음료. 단 베이스에는 스피리츠 대신 맥주, 와인 포토 또는 세리를 이용한다. 올드 패션 그라스에 넣어 스트로를 가하는 경우가 많다.

슈러브(Shrubs)

그록의 변종(變種)으로 후루츠 에센스(시럽 또는 크레임)를 가미하여 250㎖의 다리가 달린 그라스에 넣는다. 일찌기는 후르츠를 가열하여 얻을 수 있는 침출액을 사용했었으나 오늘날에는 각종 리큘(크레임 드 카시스, 크레임 드 후렘보워즈, 그레임 드 후레이즈 등) 또는 그들 시럽을 사용하고 있다. 후르츠 리큘 40㎖, 꼬냑 또는 럼 40㎖, 설탕 작은 수저 1개를 넣어 열탕을 붓는다.

쥬렙(Juleps)

롱 드링크. 주성분은 신선한 민트이다. 설탕에 소량의 물을 넣은 것에 신선한 민트 잎사귀 몇장을 향료로 넣어낸다. 여기에 크랏슈드 아이스를 가한다.

스피리츠 1종류(꼬냑, 진, 럼, 위스키) 또는 흰 와인이나 샴페인

▼스코피온(Scorpion)

화이트 럼 40㎖, 브랜디 10㎖, 후랫슈 오렌지 쥬스 30㎖, 레몬 쥬스 30㎖, 아몬드 시럽 1대시를 잘 섞어서 샴펜인 그라스에 넣는다. 꽃을 한 송이 장식해도 좋다. 사진은 라릭사(社) 제품인 크리스탈 그라스에 스코피온을 넣은 모양.

을 붓고 그라스의 표면에 이슬이 생길 때까지 젓는다. 스토로를
가하여 낸다.

스카파(Scaffas)
프스 카페류의 총칭

스트레이트(Straight)
스트레이트로 마신다는 것은 아무 것도 첨가하지 않고 스피리
츠나 리큐를 그대로 마시는 것이다.

스매쉬(Smashes)
스피리츠와 신선한 민트를 베이스로 한 숏 드링크(프티 쥬랩)
로 올드 패션 그라스에 얼음을 넣어 마신다. 소량의 설탕에 물을
넣은 뒤, 신선한 민트 잎사귀를 넣고 큐브 아이스 몇개와 스피리
츠(꼬냑, 진, 큐멜, 럼, 위스키) 40ml를 가하고 스푼으로 잘 저은
뒤 신선한 민트의 작은 가지와 오렌지 슬라이스, 나선형으로 자른
레몬 껍질로 장식한다. 스트로를 가해 마신다.

슬링(Slings)
롱 드링크 (핫 또는 콜드). 소피리츠(진, 꼬냑, 럼, 위스키, 카르
바도스 등)와 레몬 쥬스를 베이스로 하여 설탕과 시럽 소량을 가
한 것을 냉수 또는 열탕으로 섞는다.
이것은 탬블러에 넣어 마신다.
가장 많이 알려져 있는 것은 진 슬링으로, 영국 제국 식민지 시
대에 만들어져 열대성 기후에 맞는 음료이다.

다이키리(Daiquiris)

럼 베이스 장을 참조할 것.

데이지(Daisies)

종류를 막론하고 스피리츠를 베이스로 한 숏 드링크 (단 버본이 가장 많이 사용된다). 레몬 쥬스와 작은 수저 한개의 그레나딘 시럽(또는 후렌보워즈 시럽)을 가하여 180~240ml의 탬블러로 마신다. 보통 쉐이커나 매서를 사용하여 성분을 잘 혼합한다. 크렛슈드 아이스를 넣은 그라스에 붓는다. 신선한 민트 잎사귀 또는 후루츠(후렌보워즈, 오렌지)로 장식한다. 탄산수를 섞어도 좋다.

토디(Toddies)

핫 또는 콜드로 마시는 중간 음료. 180ml~240ml의 탬블러에 스피리츠(럼, 위스키, 꼬냑) 40ml와 가루 설탕 1수저를 넣는다. 열탕 또는 냉수를 섞는다. 안고스튜러 비터스를 넣어도 좋다.

하이볼(Highballs)

롱 드링크. 좋아하는 스피리치 하나, 얼음, 발포성 음료(인디안 토닉, 진저 엘, 콜드, 레몬 비터스 등)를 사용하고 대형 그라스(250ml 내지 330ml) 안에서 직접 만든다. 만들기 쉬워 인기가 있다.

박스(Bucks)

갈증을 푸는 롱 드링크. 탄산수를 비롯하여 그 외의 탄산 음료(인디안 토닉, 진저 엘, 콜라), 발포성 와인 또는 샴페인을 섞는다. 박스의 알콜 성분으로써는 오랫동안 진이 사용되어 왔는데, 오늘날에는 다른 여러가지 스피리츠가 베이스로 사용되고 있다.

▼마이 타이(Mai Tai)

화이트 럼 45㎖, 화이트 큐라소 1티스푼, 파인애플 쥬스 1티스푼, 오
렌지 쥬스 1티스푼, 레몬 쥬스 1티스푼을 혼합하여 크랏슈드 아이스가
든 올드 패션 그라스에 넣는다. 151 프루프의 디메라 럼 2티스푼을 띄
운다. 오렌지와 레몬의 슬라이스, 파인애플, 신선한 민트를 장식하고
스트로 2개를 꽂아 완성하면 훌륭한 칵테일이 된다.

펀치(Punches)

핫 또는 콜드로 마시는 롱 드링크. 자연 색체가 넘치고 베이스에는 여러가지 술을 쓴다 (럼, 꼬냑, 위스키, 와인 실드 등). 기호에 따라 여러가지 그라스로 마신다. 신선한 과일류로 장식하며, 미리 만들어 두고 파티 동안에 펀치 볼에 넣어 내도 좋다.

픽 미 업(Pick Me up)

앞날이 막막한 때나 몹시 피로할 때를 위한 칵테일.
코프스 리바이버, 픽 미 업 참조.

픽스(Fixes)

스피리츠를 베이스로 한 숏 드링크. 180ml~240ml의 탬블러에 크렛슈드 아이스를 넣고 레몬 쥬스 1/4개분, 파인 시럽 작은 수저 1개, 꼬냑(또는 럼, 진, 아니스, 알마냑, 위스키, 카르바도스) 40ml를 채우고 스푼으로 잘 젓는다. 바나나 작게 썬 것 몇개와 레몬 슬라이스 반개로 장식하여 스트로를 첨가한다.

피즈(Fizzes)

숏 드링크와 롱 드링크 중간의 음료. 보통 쉐이커를 사용하고, 180ml~240ml의 탬블러나 콜린즈 그라스로 마신다. 설탕(또는 시럽) 함유량이 샤워 보다 많으므로 그 만큼 레몬의 신맛이 중화되어 순하다.

계란 흰자를 넣는 것이 보통인데, 진 피즈와 박스 피즈에는 사용하지 않는다. 진 피즈에 계란 흰자를 넣으면 실버 피즈가 되고, 박스 피즈는 샴페인과 오렌지 쥬스로 되어 있으므로 피즈와는 전혀 맛이 달라진다. 종래의 피즈인 경우 베이스에는 진이 가장 자주 사용되는데, 꼬냑, 카르바도스, 위스키, 리큘 등도 사용되고 특히 그 종류를 묻지 않는다. 레몬 쥬스는 향미를 가하는 것과 함께 다소 쓴맛과 신맛을 내는데, 설탕과 계란 흰자, 탄산이 그것을 완화시킨다.

푸스 카페(Pousse-Café)

소화 촉진제로써 식사 직후에 낸다. 만드는 방법은 가늘고 긴 그라스에 수종(數種)의 성분(리큘, 시럽, 스피리츠)을 순서대로 혼합하지 않고 층을 이루도록 신중하게 붓는다.

보기에도 아름답고, 먹어 보면 실로 뜻밖의 맛이 나는 음료이다. 잘 만드는 요령은 비중이 가장 무거운(가장 단[甘]) 성분은 맨 먼저 붓고 비중이 작아지는 순으로 쌓아 층을 만들어 가는 것이다. 이 때 손이 떨리면 스푼 등을 이용해 성분이 섞이지 않도록 한다.

푸스 라무르(Pousse-Làmour)

푸스 카페와 같이 이것도 성분이 섞이지 않도록 잘 층을 만들어 간다. 단 디제스티프로써 만드는 것이 아니라 푸스 카페 만큼 인내나 요령도 요구되지 않는다.

성분은 여러 가지인데 계란 노른자, 각종 스파이스, 강장제(強壯劑)가 가장 많이 쓰인다.

프라페(Frappés)

숏 드링크. 소형 탬블러 또는 꼬냑용 그라스(니스프터)에 세이브드 아이스를 넣고 리큘을 붓는다. 여기에 짧은 스트로를 첨가한다. 예를 들면 민트 프라페를 만들기 위해서는 세이브드 아이스를

▲진 피즈(Gin Fizz)

　　드라이 진 40㎖, 레몬 쥬스 20㎖, 슈가 시럽 20㎖를 잘 섞어서 큐브 아이스가 든 콜린즈 그라스에 넣는다. 마라스키노 체리 2개와 오렌지 슬라이스를 칵테일 핀에 꽂아 장식한다. 사진은 라릭사(社) 제품인 크리스탈 그라스에 진 피즈를 넣어 장식한 모양을 찍은 것이다.

그라스에 1/3 정도 넣고, 그 위에 크레임 드 먼트(녹) 30ml~40
ml를 붓는다. 스트로를 첨가하여 낸다.

프립(Flips)

호입한 계란, 뎁힌 맥주, 럼주에 진저와 육두구를 장식한 핫 드
링크. 오늘날에는 계란 노른자와 스피리츠 1종류를 베이스로 한
중간 음료로써 핫과 콜드가 있는데 육두구를 뿌린다.

가장 많이 알려져 있는 것은 포트 프립(콜드)인데 꼬냑, 진, 럼,
위스키, 세리, 카르바도스를 베이스로 한 것과 옛날처럼 맥주를
베이스로 한 것(엘 프립)도 있다.

프로즌(Frozens)

크렛슈드 아이스와 함께 믹서에 넣어 만드는 매우 차가운 음료.
스트로를 첨가하여 천천히 마신다.

플로터(Floaters)

롱 드링크. 올드 패션 그라스(또는 탬블러)에 차게 한 탄산을
붓는다. 그라스 위에서 오 드 비 40ml를 스푼을 거꾸로 뒤집어 대
고 넣는다.

멀(멀드 와인 : Mulls ou Mulled Wines)

와인(붉은 또는 흰)을 따뜻하게 하여 소량의 설탕과 스파이스
종류를 넣는다. 비등시키지 않고 매우 뜨겁게 하여 마신다.

알콜도를 강하게 하기 위해 스피리츠(꼬냑, 럼, 벨못트, 포토,
테레스, 마데라)를 가하여 따뜻하게 해서 마셔도 좋다. 단 혼합주
를 가열할 때는 알콜이 상당히 빨리 증발한다는 것을 알아둘 것.

밀크 펀치(Milk Punches)

우유를 베이스로 한 음료.

리키(Rickeys)

콜린즈와 동류의 중간적인 음료. 보통 스피리츠 1종류, 레몬 쥬스, 탄산을 올드 패션 그라스에 넣어 마신다. 단 설탕은 넣지 않는다. 예를 들면 큐브 아이스 몇개 위에 레몬 쥬스 반 정도, 위스키(진, 꼬냑, 카르바도스 등) 30ml~40ml를 붓고 스푼으로 저은 다음 탄산을 섞는다. 레몬 슬라이스로 장식한다.

레인보우(Rainbows)

푸스 카페 참조.

▲네그로니(Negroni)

드라이 진 30㎖, 컴패리 30㎖, 스위트 벨모트 30㎖를 올드 패션 그
라스에 넣고 아이스 큐브를 2~3개 첨가한다. 오렌지 슬라이스를 반쪽
으로 나누어 장식하고, 마드라를 첨가하여 완성한다.

(4) 칵테일 만들기

이 책에서 소개하는 것은 2000종류가 넘는 처방 중에서 인기와 맛이 있는 것을 선출한 것으로 베이스에 따라 분류되고 있다.

① 이 책의 표기

1. 처방에 대한 마크에 대해 사용하는 기구와 그라스를 나타내고 있다. 쉐이커, 믹싱 그라스, 믹서의 마크에서부터 칵테일을 만드는 데 필요한 기구를 알고, 그라스의 모양에서부터 롱 드링크냐, 숏 드링크냐를 알 수 있도록 하고 있다.

2. 분량 표시에 대해

우리 나라의 실정을 고려하여 아래와 같이 통일했다.

①칵테일 그라스, 리큘 그라스를 사용하는 칵테일 처방은 원칙적으로 그라스 1개분에 필요한 양을 1로 하고, 재료를 분수로 표시했다.

②롱 드링크인 경우는 ml로 표시했다.

③계란을 사용하는 경우, 노른자 또는 흰자 만인 경우는 각각 20ml, 계란 전체(1개 전부)인 경우는 40ml라고 상정했다.

② 처방의 기본과 용어 해설

· 쉐이크 : 쉐이커를 세게 잘 흔드는 것.

· 스노우 스타일 : 물, 레몬 쥬스 또는 시럽으로 그라스의 가장

자리를 적시고 거기에 설탕 또는 소금 결정을 부착시킨 것.

그라스를 반대로 하여 소서에 넣은 가루 설탕에 남기어도 좋다.

· 얼음에 대해 : 얼음은 큐브상의 것이 가장 많이 사용된다. 표면에 물기가 없는 깨끗한 얼음을 언제나 사용할 수 있도록 다량 준비해두는 것이 중요하다. 제빙(製氷)할 때는 미네랄이 전혀 포함되지 않았거나 또는 극히 소량 포함된 물을 사용하도록 할 것.

· 크렛슈드 아이스 : 큐브 아이스를 아이스 픽으로 쪼갠 것.

· 세이브드 아이스 : 큐브 아이스를 쉐빙기로 매우 잘게 깬 것. 수건에 아이스를 몇 개 싸고 수건 위에서부터 깨도 좋다.

· 혼합한 칵테일을 그라스에 부을 때 안의 얼음이 그라스에 들어가지 않도록 스트레이너를 대고 붓는다.

· 술병을 차게 하고 싶을 때는 냉장고에 몇시간 두거나 에어콘에 큐브 아이스와 물을 넣어 그 안에 10~20분 둔다.

· 쉐이커 : 금속 또는 유리제의 컵으로 액체를 혼합하는 데 사용한다. 3종류의 타입이 있다.

1) 금속제로 바디(탬블), 바디에 딱맞는 뚜껑, 뚜껑에 딱 맞는 캡, 3부분으로 이루어져 있는 것.

이 타입의 뚜껑에는 망 또는 스트레이너가 짜여 있으므로 캡을 사용하여 그라스에 붓는 것 만으로 안의 액체를 거를 수가 있다.

2) 2 부분으로 된 모양의 쉐이커(보스톤 쉐이커)는 2개의 바디 (탬블)로 구성. 양쪽 모두 금속성이거나 또는 한쪽이 유리제로 쌍방이 딱 맞도록 되어 있다. 이 타입을 사용하는 경우, 칵테일용 스트레이너를 사용하여 액체를 거르면 된다.

3) 바디 만의 쉐이커 (스피드 쉐이커)는 올드 패션 그라스나 탬블러에 딱 맞도록 되어 있다.

쉐이커는 무엇 보다도 기밀(氣密)이어야 한다.

2. 칵테일에 얽힌 이야기

(1) 환상의 꼬냑

1965년 날이 저문 어느날, 런던 교외 비너에서 술집을 경영하는 톰 노만 씨는 시가 700만원이라는 '환상의 술'을 손에 넣었다. 게다가 아주 우연히 한개도 아니고 5개씩이나 얻은 것이다.

"돌아가신 아버지가 할아버지로부터 물려받아 소중히 간직해 두었던 꼬냑입니다. 이것을 다른 술과 바꾸어 주지않겠습니까?" 라고 어떤 부인이 꼬냑 5병을 건네주었을 때, 노만 씨는 설마 그것이 세상 사람들이 말하는 '환상의 술'일 것이라고는 생각하지 않았다.

양주 팬이 꿈에까지 보는 명주인 '환상의 술' 1811년제의 꼬냑을 '환상의 술'이라고 부르지 않고 무엇을 그렇게 부르겠는가. 사람에 따라서는 시가 700만원도 싸다는 사람도 있을 것이다.

이 다섯병 중 한병은 스페인에 있는 마드리드 박물관에 기증되게 되었으나, 나머지 4병은 어떻게 되었는가는 누구나 호기심이 있는 이야기일 것이다.

그런데 이 환상의 술을 마시려면 어떻게 해서 마실 것인가. 꼬냑이 브랜디의 일종인 이상, 한병에 7백만원이든 천만원이든 이것은 브랜디 그라스로 마시는 것이 예의이다.

인간이 다른 동물보다 뛰어난 것 중 하나는 음식물을 그릇에

담는다는 것이다. 불을 사용하여 조리한다, 얼음을 사용하여 차게 만든다, 조미료를 넣는다, 음료수는 그라스에 따라 마신다, 음식은 접시나 보올에 담아 먹는다…… 라는 것은 인간 이외에는 하지 않는 일이다.

그 그릇이라는 것도 음식에 어울리는 것을 사용하는 것을 인간은 발견했다.

'환상의 술'이 꼬냑이라면 브랜디 그라스를 사용하여 마신다는 것은 그것을 마시는 데 가장 어울리는 그릇이기 때문이다. 향을 즐기고 색을 사랑하며 풍미를 맛보기 위한 인간의 지혜가 위가 오목하고 손바닥으로 따뜻하게 할 수 있도록 둥그스름한 모양을. 발견했다.

꼬냑이라는 술을 만들어낸 꼬냑 지방 사람들의 지혜, 그 꼬냑을 보다 잘 즐기며 맛보기 위해 브랜디 그라스를 만든 연구―그와 비슷한 지혜와 연구는 이 지구의 어디에서나 볼 수 있다.

사람이 있으면 술이 있고, 장소가 변하면 술이 변한다. 이 지구상엔 이르는 곳마다 어디에나 술이 있다. 술에는 그 지방 사람들의 역사가 깃들어 있으며 인간의 지혜와 연구가 배어 있다.

프랑스의 꼬냑, 영국의 스카치, 소련의 워카, 멕시코의 데킬라, 미국의 버본, 이탈리아의 베르몬트, 독일의 와인……이들 술의 배경에 있는 것은 문화이며 문명이다. 술을 만드는 것 그 자체도 문화나 문명의 반영이지만 만들어진 술을 마시기 위한 그릇에도 문화나 문명이 반영된다.

전술한 '환상의 술'에 소박한 경이를 느끼는 것은 문화나 문명의 발견에 대한 놀라움이다. 그리고 인간의 지혜를 재확인한 것에 대한 기쁨이다.

인간의 지혜가 더욱 발달되고 인간 교류가 활발해지자, 세련된 술을 만드는 방법과 술 마시는 방법이 모색되었다. 그 결과 탄생한 것이 칵테일이다.

물론 나중에 서술할 것이지만 칵테일의 탄생은 당초 세련을 목표로 한 것은 아니었다. 품질이 나쁜 술을 마시기 쉽도록 하기 위한 동기와 미국이라는 풍토 속에서의 자연발생적인 계기가 칵테일을 탄생시킨 것이다.

그러나 그 이래 칵테일은 여러 민족의 집합이라고 까지 일컬어지는 미국에서 계속 세련되어져 왔다.

많은 민족이 모이면 그 만큼 많은 민족의 술이 모인다. 그 술들이 서로 얽혀 만들어내는 새로운 술, 그것이 칵테일인 것이다.

술의 조합(組合)은 그야말로 무한하다고 해도 좋다. 그러나 좋은 칵테일을 만들어내는 조합을 위해 처방을 찾아내고 만들어진 술을 마시는 여러 가지 방법, 도구의 연구에서 우리들은 문화나 문명의 반영을 찾아낼 수 있는 것이다.

그런데 어째서 인간은 이와 같은 연구를 계속해 온 것일까. 또 어째서 인간은 연구를 하여 술을 마시는 것일까.

오늘날 세계에서 음주 습관을 가지지 않은 민족은 에스키모인, 안더맨섬 사람 등 소수의 미개인 뿐이다. 종교상의 이유로 금주하고 있는 것은 인도네시아, 파키스탄, 버마, 인도, 이랍 등의 회교도와 불교도인들이다.

그 외의 나라에서는 대부분의 성인 특히 남성은 의식(儀式)이나 파티, 비지니스나 중요한 교제 식사 때와 취침전에 술을 마시는 습관이 있다. 동서양을 막론하고 일찌기 음주의 습관은 술을 성스럽게 신 앞에 바치고 절을 올리는 것이 대부분이었다. 그러나 현대에 있어서 음주는 이미 말초적인 사회활동을 넘어서게 되었다.

▲브롱스(Bronx)
　드라이 진 6 / 10, 오렌지 쥬스 2 / 10, 드라이 벨모트 1 / 10, 스위트
벨모트 1 / 10을 혼합하여 칵테일 그라스에 넣는다. 사진은 하비덕트
사(社) 제품인 크리스탈 그라스에 브롱스를 넣은 모양을 찍은 것이다.

이전에도 그랬지만 인간이 더더욱 술을 마실 기회를 많이 갖게 된 것은 주위를 둘러 보면 곧 알 수 있을 것이다. 이와 같은 시대에 태어난 우리들은 술을 마시는 것에 대해 조금 생각해 볼 필요가 있지 않을까.

어떤 사회 심리학자의 연구에 의하면 음주의 이유는 첫째, 노동의 긴장을 풀 때 피로를 회복하기 위해 둘째, 환경에 대한 부적응으로 생기는 불안이나 긴장을 해소하기 위해서 세째, 개인과 개인과의 유대를 친밀하게 하기 위해서라는 세가지가 있다고 한다.

이 세가지 이유로 칵테일이라는 술을 생각해 보면 칵테일에 있어서 여러 가지 연구는 그야말로 재미있다.

한마디로 칵테일이라고 해도 술에 강한 사람을 위한 것도 있고, 술에 약한 사람을 위한 것도 있으며 음주를 위한 여러가지 연구가 되어 있는 것이다. 예를 들면 술에 약한 사람이라도 술에 강한 사람과 대등하게 만나 마실 수 있도록 하는 여러 가지 연구가 되어 있는 것이다.

그럼 도대체 어떤 연구가 되어 있는 것일까. 그 중 한가지는 샤워, 피즈, 콜린즈…라는 칵테일의 종류상의 연구이며, 마티니, 맨하탄, 올드패션…이라는 칵테일의 처방에 대한 연구이다.

칵테일이 탄생한 무렵에는 분명히 그다지 좋은 술이 없었기 때문에 칵테일을 하여 마시자는 연구가 되었을런지 모르지만, 오늘날의 칵테일은 앞에서 말했듯이 음주 이유를 더욱 세련시키고, 사교를 원활히 하기 위해, 생활에 액센트를 주기 위해, 또는 피로를 회복시키기 위해 좋은 술을 사용하여 만들고 있는 것이다.

칵테일의 여러 가지 연구는 다음 장에서 구체적으로 서술하기로 하고 우선 양주나 칵테일에 관한 몇가지를 모아 실어 보도록 하겠다.

(2) 주당(酒黨) 소크라테스

「향연」은 프라톤의 42~3세 무렵의 작품이라고 하는데, 여기에는 '사랑에 대하여'라는 서브 타이틀이 있다. 때는 서기 416년전, 아가톤의 우승 축하를 위해 그의 자택에서 베풀어진 향연의 모습을 아주 나중에(서기 400년전 무렵) 아폴로도트스(소크라테스의 신봉자)가 아리스토데모스(소크라테스의 열렬한 찬미자)로부터 들어 친구들에게 말한다는 설정으로 되어 있다. 이「향연」의 결말 가까운 곳에 이런 문장이 실려 있다.

'그래서 아가톤은 소크라테스 옆에 앉으려고 일어났다. 그런데 갑자기 상당한 술이 입구에서부터 들어 왔다. 그리고 누군가가 밖으로 나가 문이 열려 있었으므로 집에서 마시고 있는 무리 옆까

지 똑바로 전진해 와 나란히 섰다. 집안은 소란으로 넘쳤고 질서
를 잃어버린 가운데 엄청나게 많은 술을 마실 것이 강요되었다.'

　이 문장으로 상상하면 이 시대에는 많은 술이 마셔졌고, 게다가
강요되었던 것 같다. 여유 있던 시대였다. 「향연」은 이 여유 있는
시대의 모습을 계속해서 그리고 있다.

　'그리고 아리스토데모스가 말하는 바로는 에류크시마코스도 피
아드로스도 다른 몇명인가와 가버렸다. 그런데 아리스토데모스
자신은 그 무렵 밤을 새우고 있었으므로 졸음을 더이상 참지 못
하고 아주 푹 잠이 들어 버렸다. 그리고 새벽이 가까워 이미 닭이
울기 시작하여 돌아가려 하는데, 소크라테스 만은 자리에 앉아 큰
잔을 오른쪽으로 돌리면서 그것을 마시고 있었다.'

아가톤과 아리스토파네스와 소크라테스는 분명 주당(酒黨)이었을 것이다.

소크라테스의 이름은 너무나도 유명하므로 여기에서 말할 것까지는 없을 것이라고 생각하지만, 아가톤과 아리스토파네스에 대해 언급하자면, 전자는 아테네의 비극 작가이고 후자는 희극작가이다.

소크라테스가 주당이었는지 어떤지는 「향연」의 일문(一文)만으로 판단할 것이 아니지만 아마 주당이었을 것이라고 나는 생각한다. 그리고 주당이라는 생각에 나는 소크라테스에게 한없이 친근감을 느끼는 것이다. 게다가 큰잔을 돌리면서 당당하게 술을 마시는 소크라테스의 모습에서 웬지 동경스러운 감정조차 가지게 된다.

그런데 소크라테스의 지혜는 술을 마시는 것에 의해 활발해진 것일까, 아니면 퇴화되었을까.

아마 활발해졌을 것이다.

이것은 나의 상상이지만 소크라테스는 술을 마시면서 열심히 토론을 했을 것이라고 생각된다. 그리고 그 토론 내용은 소크라테스가 다시 읽고 그의 저작(著作)재료로 쓰지 않았을까.

적당하게 술을 마셨을 때의 우리들의 사고는 매우 활발해지는 것 같다. 그러나 그것을 기억하고 있다거나 기록한다는 것은 술을 마시고 있을 때는 좀처럼 할 수 없다. 소크라테스의 지혜를 푸는 비밀 열쇠로써 이런 사고 방식을 제시하는 것은 소크라테스를 모함하는 것이 될까.

▲화이트 레이디(White Lady)

　드라이 진 3 / 5, 코안트로이 1 / 5, 라임 쥬스 1 / 5을 잘 섞어서 칵
테일 그라스에 넣는다. 칵테일 핀에 꽂은 마라스키노 체리 1개를 장식
한다. 계란 흰자위를 약간 첨가하는 것도 좋다. 사진은 바카라사(社)
의 제품인 크리스탈 그라스에 화이트 레이디를 담은 모양을 찍은 것
이다.

(3) 주신(酒神)의 제일(祭日)

미국의 금주 시대는 그렇다 치고 옛날 유럽의 금주는 오늘날 말하는 금주와는 의미가 상당히 다른 것이 아니었을까.

'지금 물 만을 마시지 말고 위를 위해 또 종종 병을 치료하는 포도주를 사용하라'(구약성서. 테모테 전서. 제 5장 제 23절)를 인용할 것까지도 없이 금주는 근주(僅酒) 정도의 의미로 취급하고 있었던 것 같이 생각된다.

지금부터 대략 1470년 전, 성(聖) 길더스는 '모든 수도자가 너무 많이 마셔 그 때문에 성시 찬양에 참가하지 못할 때는 벌로 야식을 금한다.'라는 벌칙을 정했다. 그러나 야식 정도를 주지 않는 것은 아무것도 아니므로 이 벌칙은 상당히 관대한 것이라고 하지 않을 수 없다.

음주 형벌이 엄격해진 것은 좀더 시대가 흐른 뒤이다. 예를 들면, 약760년 전에는 토마스 올세 라는 목사가 벌로 족가(足枷)를 차게 되었다. 이 벌은 일반 민중이 만취(漫醉)했을 때의 벌로써 당시 영국에 존재하고 있던 것으로 지금으로부터 백년 전 정도까지는 계속 남아 있었다고 한다.

끝으로 만취의 벌로써 당시 영국이 행했던 것은, 구멍을 뚫은 술통에 만취자를 넣고 구멍에 만취자의 얼굴과 손, 발을 내놓게 한 뒤, 마을을 끌고 돌아다니는 것, 군중 앞에서 등이 튀어나온 목마에 태우는 것, 또 술병을 목 주위에 걸고 광장에서 햇볕을 받으며 서 있는 것 등 남들에게 조소를 사고 구경거리로 만드는 것이 대부분이었다. 이들 벌 중 목마의 그것은 벌을 받은 사람이 종종 탈장(脫腸)이 되었기 때문에 곧 중지되었다는 책도 있다.

이와 같은 벌은 많은 만취를 경계하자는 것이었으나 결코 승진을 방해하는 것은 아니었다. 전술한 올세이는 족가의 벌을 받았음에도 불구하고 후에 대마제의 위치를 얻을 수 있었던 것을 보더라도 짐작할 수 있다. '술집이 목사의 축복을 받고 선량인들의 면죄가 칵테일로 시작되는 세상……'이라고 O·헨리는 단편 「잃어버린 혼합주」에서 말하고 있지만 다음에서 말하는 에피소드는 술집을 목사들이 꺼리는 곳이던…… 시대의 전설이다.

성마틴제—라고 해도 알고 있는 사람은 적을 것인데, 이 제(祭)는 11월 11일로, 술집이나 만취자의 옹호자이며 변호사로써 이름 높은 성마틴의 날이다.

본래 이 11월 11일은 시민들의 왕자 제우스와 테바이왕 카바모

스의 여(女) 세메레와의 사이에서 태어난 술의 신 바카의 축제일이기도 하지만, 바카스제에 끼어 성마틴제가 일어난 것은 아니다.

너무도 우연히 성마틴은 주신(酒神)의 제일(祭日)에 왕성했던 것이다.

성마틴의 모습은 우리에게 기마 병사가 오버 코트를 거지에게 주고 있는 그림으로 친숙한데, 그가 수비대 사관으로서 아미앙에 체재중이던 어느 겨울날, 나체의 거지가 그에게 동냥을 구했을 때 입고 있던 오버 코트를 주었다는 것이다. 그는 이교도인 양친 사이에서 탄생했는데, 로마에서 개종하여 그리스도교도가 되어 371년 쯔루에서 사제의 지위를 얻고 40년 코드에서 사망했다. 생애를 통하여 음주와 거지들로부터 성자나 살아있는 신이라고 일컬어졌다고 한다.

이와 같은 성자가 현존하고 있다는 것을 나는 알지 못한다. 그러나 유모러스하고 관대한 사교의 이야기라면 모르는 바도 아니다.

제 2차 세계 대전 중 미국엔 술이 굉장히 부족하여 고민하고 있었다. 어느 술집이건 백화점이건 마찬가지로 술이 입하되었다는 뉴스가 전해지면 긴 뱀처럼 장사진을 이루었다.

그 무렵의 이야기인데, 어느 날 뉴욕의 한 유명한 백화점 양주부에 예와 같이 긴 줄이 이루어졌다. 그런데 한 남자는 아무리 말을 해도 그 행렬에 서려 하지 않는다.

장사를 방해하지 말라고 주의를 주자 그 남자는, "나는 목사다. 만일 이 행렬에 서 있는 것을 사제가 본다면 나는 곧 파문이다…" 라고 대답했다. 그 때, 이 소리를 듣고 열의 선두에 서 있던 사람이 웃으면서, "안녕."이라고 했다. 그 사람은 바로 사제였던 것이다. 이 이야기는 '와인은 인간의 마음을 즐겁게 하는 것'(구약성서.

시편. 제 백사편.14～15절) 이라는 말을 떠올리게 하는데 충분하다.

목사, 사제, 신부……돌이나 금이라고 생각되는 이들의 아주 작은 일부의 비화(祕話)내지는 일화(逸話)이다. 부스 타킨톤은 「펜롯」에서 다음과 같이 말하고 있다. '어떤 인간이나 좋아하는 것이 있다. 그 중 하나는 인간이 술을 좋아한다는 것, 또 한가지는……'

(4) 체홉의 작품과 술

체홉은 「가도에서」 중에서 '아버지는 낮에 지나쳐도 알지 못하지만 술집은 밤에도 100킬로 밖에서도 냄새로 안다.'고 말하고 있다. 100킬로는 다소 과장이 지나치리라고 생각하지만 술을 마시는 심리를 잘 나타내고 있다. 결국 술을 사랑한다는 것은 술이 사람을 친근하게 만들기 때문이다.

체홉은 웬지 작품 안에서 술을 소도구로 사용한다. 그의 작품을 술이라는 관점에서 보면 어떤 것이 될 것인가. 우선 「지루한 이야기」 중에서 그 예를 찾아 보자.

'이 다혈질(多血質)의 남자 목소리는 윤기가 있어서 듣고 있으면 기분이 좋다. 자는 것도 재미있고 얼굴도 좋아보였다. 본래 얼굴에 약간의 작은 주름이 보이지만 이것은 맥주를 너무 많이 마시고, 게다가 소파에서 뒹구는 일이 많은 탓이다.'

또 다른 곳에서는,

'가령 당신이 완전 무결한 신사이고 삼등관(三等官)이다 하더라도 만일 당신에게 딸이 있다면 교제가 어떻다, 혼담이 어떻다, 결혼식이 어떻다고 떠드는 일이 종종 당신의 가정이나 기분에 파고 들어 속물 근성을 예방할 수 없을 것이다. 예를 들면 나는 그네켈이 집에 올 때마다 얼굴에 나타나는 그 표정은 도저히 참을 수 없다. 또 우리들의 생활이 얼마나 호사스러운지 그에게 보이기 위해 그녀가 올 때만 라피트주나 포토와인이나 셰리병을 쭉 식탁에 올려 놓는 것도 신경이 쓰여 견딜 수가 없다.'

전자의 예에서는 한 남자의 인물 묘사에 맥주가 하나의 소도구로 쓰이고 있다. 그리고 후자에서는 라피트주, 포토와인, 셰리가 쓰이고 있는 것이다.

「지루한 이야기」 중에는 러시아주인 보드카가 나오지 않는다. 그러나 「시베리아의 여행」을 보면 크게 신경을 쓰지 않고 보드카를 말하고 있다.

'저급한 술집, 공공 목욕탕, 공공연하게는 말하지 못하는 밀담, 모두가 시베리아인이 아주 좋아하는 것인데, 이것을 그려서는 어느 마음에도, 어떤 한 곳도 놀 장소는 없다. 가을이나 겨울의 긴 밤을 추방자는 자신의 방에 앉아 지내는데, 보드카를 마시러간다. 둘이서 보드카를 2병, 맥주를 6명이나 해치우고 '한병 더'를 외친다.'

보드카는 오늘날 50도, 60도 라는 식으로 나누어져 있는데 술

▲드라이 마티니(Dry Martini)

　드라이 진 1/2, 드라이 벨모트 1/2을 가볍게 저어서 칵테일 그라스에 넣는다. 레몬 필을 무늬로 하여 그라스에 떨어뜨린다. 그린 올리브 1개를 장식하는 것도 좋다. 사진은 부띠끄 다노워 사(社) 제품인 크리스탈 그라스에 드라이 마티니를 넣은 것을 촬영한 것이다.

성분이 매우 높은 술이다. 이처럼 강한 술을 둘이서 2병 그리고 맥주를 6병 마신다는 추방자(러시아인)는 술이 강하다고 자주 일컬어지지만, 그래도 이 추방자는 무척 강한 편이다.

그것은 그렇다 치고 나는 체홉이 이 작품에서 추방자와 보드카라는 조합(組合)을 이룬 것을 매우 재미있게 생각한다. 그 조합이 「시베리아 여행」의 독특한 무드의 일단을 상징하고 있는 것처럼 여겨진다. 그것은 마치 「지루한 이야기」 중에서 여러가지 술이 식탁에 늘어놓여져 일종의 독특한 무드를 만들어 내는 것과 비슷하다.

체홉은 술이라는 소도구를 그의 작품 속에서 매우 능숙하게 사용하는 작가이다.

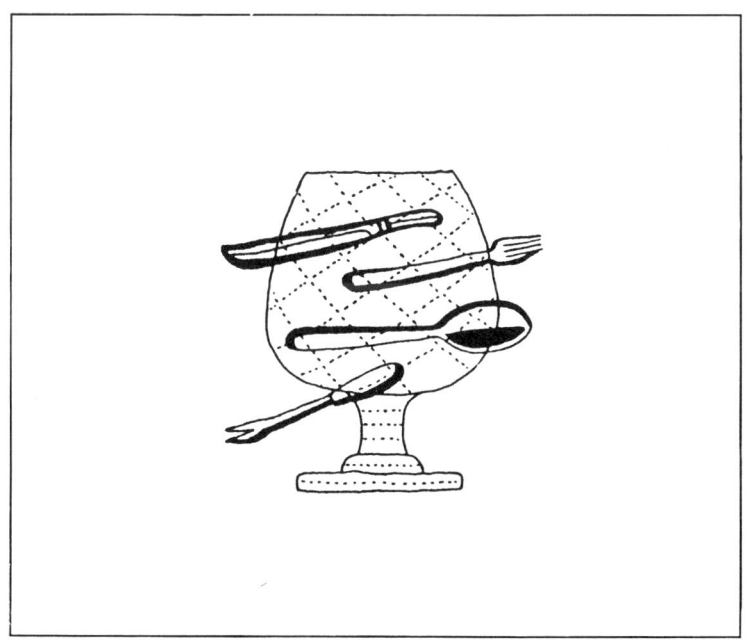

(5) 세상을 바꾼 브랜디

'클레오파트라의 코가 조금만 낮았더라면 세상의 모습은 완전히 바뀌었을 것이다.'라고 파스칼은 말했는데, 이것은 '여왕 앤이 주당이 아니었더라면 세계의 역사는……'이라는 역사의 에피소드이다.

영어의 '앤'은 여성의 이름이지만 통칭의 앤, 특히 빈정거림이나 야유를 할 때 본명을 그대로 말해서는 재미없다. 이것은 여왕이라도 마찬가지로, 영국의 스튜어트가(家) 최후의 군주 여왕인 앤(1664~1714)은 브랜디를 빵 보다도 즐겼다.

원한이 있는 것은 아니지만 그녀의 험담 만을 쓰자면, 그녀는 섬나라 근성의 소지자로 자아 도취의 회교도이며, 남의 의견을 듣는 적이 없는 여왕이었다. 이런 편협한 여자였으나 권력이 있어 센터플 사원통에 자신의 상을 건립하였다. 하지만 이 동상은 시민의 비웃음을 받게 된다.

이렇게 말하는 것은 동상의 대리석에 이런 시를 쓴 사람이 있었기 때문이다.

브랜디 넌, 브랜디 넌
우리들의 괴로움을 아는가.
얼굴을 대하는 것은 진 숍
등을 대하는 것은 예수님.

이 시에는 긴 설명이 있다. 그리고 이것이야말로 알리지 않을 수 없는 일면이다.

▲하베이 올뱅거(Harvey Wallbanger)

워커 45㎖, 오렌지 쥬스 75㎖, 가리아노 2티스푼을 큐브 아이스가 3~4개 든 8온스의 탬블러에 넣는다. 오렌지 슬라이스와 마라스키노 체리 1개를 칵테일 핀에 꽂아 장식한다. 스트로 1개와 마드라를 첨가하는 것도 보기에 좋다.

여왕 앤은 대주가이며 게다가 브랜디만을 즐겼다. 스카치 위스키에도 눈을 주지 않고 프랑스의 꼬냑 브랜디 만을 즐기고 있었다. 영국의 주류상(酒類商) 사이에서는 브랜디 라는 말은 꼬냑 만을 의미하는 습관이 있었으므로 앞에서 말한 시 '브랜디 넌'은 '꼬냑 넌'의 의미였던 것이다.

그러나 그녀가 아무리 술을 좋아한다 해도 여왕의 몸으로 진 숍을 다니지는 않았다. 진 숍이란 자급한 술집의 속칭이다. 여왕 앤은 술집을 동경하고 있었던 것임에 틀림없다. 기지(機智)가 있는 어느 시인은 그것을 생각하고, '얼굴을 대하는 것은 진 숍'이라고 했다. 동상의 눈은 바로 센터플 사원통의 남서 일각(南西 一角)의 진 숍을 보고 있기도 했던 것이다.

이 행에 이어 '등을 대하는 것은 예수님'이라는 귀절은 다양한

해석이 가능하다. 예를 들면 그녀는 종교적인 여러가지 사건에 결코 관대하지 않았다. 교회의 우익 만을 옹호하던 것에 대한 비난의 소리라는 식으로, 그러나 나는 이것을 배덕(背德)을 힐책하는 민중의 소리라고 생각한다. 배덕—그것은 여왕 애니는 병적인 동성연애자였다는 것이다. 앤은 생애에 있어서 2명의 여성을 열애했다. 첫번째로 사라 제닉스(후에 말보로 공작 부인), 그 뒤에 아비제일 힐(후에 마샴 부인) 두 사람이다. 사라에게 프리맨 부인이라는 위명(僞名)을 쓰게 하고, 자신은 모리 부인이라고 해서 종종 사랑의 편지를 썼다. 그러나 앤이 34세 때 사라는 아비제일에게 쫓겨난다. 아비제일은 모든 노력과 테크닉을 기울여 사라를 쫓아냄과 동시에 그 뒤를 이어 여왕의 사랑을 독점했던 것이다.

이런 소문은 어디에서부터인지 모르지만 일부 사람들의 귀에 들어가, '여왕은 바보가 아닌가!'라고 사람들은 한탄했다. 여왕의 위신은 땅에 떨어졌다. 술을 많이 마시는 동성연애자—이것이 여왕 앤의 일면이었던 것이다. 만일 그녀에게 이런 이면이 없었더라면 세계의 역사는 변했을런지도 모른다.

▲블랙 루시안(Black Russian)
　워커 40㎖, 카루아 40㎖를 큐브 아이스가 3~4개 든 올드 패션 그라스에 넣는다. 사진은 바카라사(社) 제품인 크리스탈 그라스에 블랙 루시안을 넣은 모양을 찍은 것이다.

(6) **칵테일 이야기**

만일 당신이 재즈 팬이라면 시카고라는 이름은 '시카고 스타일'이라는 명칭으로도 생각될 것이다.

1924년 무렵. 아직 어렸던 던 베어 굿맨이 신선한 재즈 스타일을 세상에 선보인 이래 재즈 팬으로부터 '시카고 스타일'이라고 불리워 왔다.

그런데 만일 당신이 하르보일드의 팬이라면 시카고는 또 다른 느낌으로 받아들여질 것이다. 암흑가의 시카고, 또 그 도시에 모이는 '시카고 갱'은 '시카고 스타일'의 감미로운 멜로디와는 전혀 다른 측면이다.

1920년대의 시카고는 카포네를 비롯하여 오바니온 젠너 형제, 오든넬 아예요, 모란…이라는 주먹들이 시카고를 무법 지대로 변모시켰던 것이다. 이것은 갱가(家)의 별명처럼 느껴지게 된 것이다.

그러나 시카고라는 이름은 건축가에게는 '시카고파'라는 이름으로, 예술가에게는 '뉴바우하우스'의 매카로써 그리고 학자에게는 유닉크한 '시카고 대학(大學)'의 시카고로써 생각되게 될 것이다.

시카고는 셀 수 없을 정도의 얼굴을 가지고 있다. 대도시는 언제 어디에서나 많은 얼굴을 가지고 있지만. 그래도 시카고가 가지고 있는 이 얼굴의 다채로움과 잡다함은 다른 그 어느 도시도 미치지 못하는 것이다.

물론 현재 시카고에서는 1920년대의 '언터쳐블'은 모습을 감추었지만 시카고는 여전히 다채로운 그리고 잡다한 거리이다.

그럼 시카고는 미국 중부의 대도시인데 동부의 대도시라고 하

면 말할 것도 없이 뉴욕이다. 이 뉴욕의 이름을 딴 뉴욕 칵테일
이 후술할 시카고 칵테일에 대응하는 것처럼 생각되지만 그렇지
않고 맨하탄 칵테일이 대응이 되는 것이다.

왜일까.

맨하탄의 의미는 옛 인디안의 말로 '흠씬 취하다'라는 것이다.

네덜란드인에게 술을 얻어 마시고 기분이 좋아져 이 섬을 파는
것에 동의하고서 계약서에 싸인을 한 인디안 추장이 드디어 술에
서 깨어 일의 중대함을 알고 놀라 사인한 것을 후회하면서, "맨하
탄에 의한……", "맨하탄에…", "맨하탄…"이라고 외치는 것을
들은 네덜란인이 짐작으로 그 이후 이 섬을 맨하탄이라고 부르게
되었다는 얘기가 있다.

따라서 맨하탄 칵테일은 '푹 취하는 칵테일'이다. 이 이름 때문
인지 어떤지는 알 수 없으나 맨하탄 칵테일의 인기로 말하자면,

시카고 칵테일 따위는 아무것도 아니다. 맨하탄 칵테일은 파티에는 반드시 등장하는 것이다.

1846년에 탄생한 이 칵테일에는 다음과 같은 에피소드가 있다. 버지니아주의 페어팍스의 주인, 죤·A·홉킨스는 사랑의 쟁탈전 중에 사소한 일로 프랑스 공사관 무관인 앙리 드 브리 에 샤로노 남작과 결투를 했다.

결투의 상황에 대해서는 자세한 것은 아니지만, 홉킨스가 상대에게 중상을 입혀 이겼다고 한다. 그러나 홉킨스도 결투 후에 쓰러졌다. 입회역이던 사람이 곧 가까이 있던 호텔 파로 아르트로 옮겼으나 홉킨스는 죽은 듯이 축 늘어져 있었다.

마침 그 호텔엔 노스캐롤라이나인인 죤·W·핸더슨이 있었다. 그는 홉킨스에게 입맛이 좋고 강한 술을 주어 기운을 차리게 하려고 라이 위스키와 단맛이 있는 베르모트를 그라스에 따라 술을 만들어 핏기 없는 입술을 벌리고 부었다. 그러자 홉킨스의 얼굴에 핏기가 돌고 기운을 차리게 되었다.

핸더슨이 만든 술은 결투 소문과 함께 뉴욕으로까지 퍼졌다. 어떤 술집 주인은 그 말을 듣고 곧 술을 만들어 맨하탄 칵테일이라고 이름 지어 손님에게 마시게 했다.

이것이 맨하탄 칵테일 탄생에 관한 에피소드이다.

시카고와 맨하탄. 마을의 좋고 나쁨은 차후로 치더라도 당신이라면 두개의 칵테일 중에서 어느 것을 선택할 것인가.

(7) 키스와 칵테일

본래 칵테일이라는 말에는 '사이비 신사'라거나 '출세한 것'이라는 의미가 있어 진짜 신사나 혈통이 있는 사람이 눈썹을 찌푸리는 면이 있다.

본래의 의미가 '불순한 종류의 경주말'이므로 그것은 어쩔 수 없다고 해도 이래서는 칵테일이라는 말이 너무 불쌍하다. 이 점에서 해석하자면 칵테일 파티는 '사이비 신사나 출세한 사람들의 모임'이 되고, '불순한 종류의 말들의 모임'이 된다. 이것은 아무래도 너무하다.

T・S・엘리어트 라는 시인의 〈칵테일 파티〉라는 시극(詩劇)은 19세기 초 칵테일이 탄생한 무렵의 시대를 설정한 작품이었다고 생각하는데, 그 중에 어떤 보수적인 인물이 등장하여 칵테일을 비방하는 대사를 길게 읊는 부분이 있다.

무대는 분명 영국이다. 당시의 영국인 중에는 미국을 벼락 출세의 나라라고 보는 사람이 많았던 것 같다. 무엇인가를 비방할 때 칵테일을 끄집어내도 결코 이상하지는 않았는데, 만일 오늘날이라면 시대성에 뒤져 있다고 비웃음을 살 것이다.

현재에 있어서 칵테일이라는 말에는 자못 소피스티케이트한 술이라는 느낌이 있다. 칵테일이라는 말의 분위기에는 일찌기의 경멸적인 어원(語源)은 어디에도 찾아 볼 수 없다. 도회풍의 노스탈지어 조차 넘치고 있다.

그리고 '불순한 종류의 경주말 모임'인 칵테일 파티가 성행하게 된 것은 아마 시대적인 사교상의 모임이라는 느낌이 있기 때문일 것이다.

▲민트 줄립(Mint Julep)

　버본 45㎖, 신선한 민트 잎사귀 수 매(枚), 가루 설탕 1티스푼을 콜린스 그라스에, 민트잎과 가루 설탕을 넣고, 스푼 등으로 잎을 눌러준다. 먼저 버본 위스키 20㎖정도를넣고, 크랏슈드 아이스를 그라스 절반까지 채운다. 그런 다음 남은 버본 위스키 25㎖를 마저 넣는다.

그 칵테일의 탄생에 얽힌 에피소드는 여러 가지이지만, 키스 미 칵테일(kiss Me Cocktail)의 에피소드는 재미있다. 다음에서 그 에피소드를 소개해 보려 한다.

'키스 해 주세요.'라는 것은 '내게 키스해 주세요.'라는 기분이 든다.

그러나 '키스해 주세요.'라는 것은 정서가 결여된 느낌이다. 친구의 말에 의하면, 이 때문에 '키스 미'라는 말을 쓰고 싶어 진다는 것이다. 이것은 동사가 최초에 옴으로 명령형으로 이 말은 '키스 해라.'라는 것이 되는데, 이 말을 '키스 미'라고 하면 무드가 있는 말이 되는 것은 참으로 이상하다.

그것은 그렇다 치고 영어에 아무리 약한 사람이라도 '키스 미'를 모르는 남자는 없을 것이다. 또 아무리 촌스러운 남자의 입에

서 나와도 이 영어는 그다지 촌스럽게 느껴지지 않는다. 이것은
야한 표현을 영어나 독일어로 하면 받아들이는 데 그다지 거부감
이 없는 것과 같은 것인데, 술집에서 사용하는 외국어 대부분의
효용은 이런 것에 있는 것일런지도 모른다.

그런데 세상에는 여러 가지 사람이 있으므로 이 '키스 미'를 말
할 수 없는 내성적인 남성이 있다.

미국의 이야기이다. 어떤 남자가 사랑하는 여성으로부터 한번
달콤한 키스를 받고 싶다고 깊이 생각하고 있었으나, 막상 그런
분위기가 되면 입이 다물어져 아무런 말도 할 수 없었던 것이다.
그는 어떻게 하면 좋을지 매일밤 생각했다. 이런 그의 모습을 보
고 어느날, 바텐더를 하고 있는 친구가 그에게 이렇게 말했다.

"이봐! 도대체 어찌된 일이야. 안색이 나쁘군. 무슨 걱정이라도
있나?" 그는 친구의 이 말에 자기의 속마음을 털어놓았다.

"뭐야! 좋은 방법을 가르쳐 주지. 오늘 밤 우리 가게로 자네의
애인과 함께 오게. 칵테일을 한잔 대접할 테니까. 게다가 자네의
고민을 해소시켜 줄 테니까."

바텐더의 생각은 이런 것이었다.

우선 친구와 그녀가 온다. "약속대로 칵테일을 대접하지."라며,
두사람에게 칵테일을 내놓는다.

그가, "맛있는 칵테일이군. 이름이 뭐지?"라고 묻는다. 그러면
종이 쪽지를 그에게 주는 것이다.

그날 밤, 친구는 애인과 둘이서 친구인 바텐더가 있는 가게를
찾았다. 바텐더가 예상한 대로의 일이 일어났다.

그가 물었다. "맛있는 칵테일이군. 이름이 뭐지?" 바텐더는 싱
긋 웃으며 한장의 종이 쪽지를 건네주었다. "읽어봐. 여기에 쓰여
져 있어. 소리를 내어 읽어봐."

▲마가리타(Margarita)
　데킬라 40㎖, 코안트로이 20㎖, 레몬 쥬스(또는 라임 쥬스) 30㎖를 섞어서 소금으로 스노우 스타일하게 하여 샴펜인 그라스에 넣는다.

그는 시키는 대로 소리를 높여 그 쪽지에 쓰여져 있는 칵테일의 이름을 읽었다.

"키스 미."

순간 옆에 앉아 있던 애인은 그에게 달콤한 키스를 해 주었다. 우정이 두터운 바텐더는 '키스 미'라는 이름의 새로운 칵테일을 만들었던 것이다.

지금까지 널리 즐겨지고 있는 키스 미 칵테일 탄생에 관한 에피소드이다.

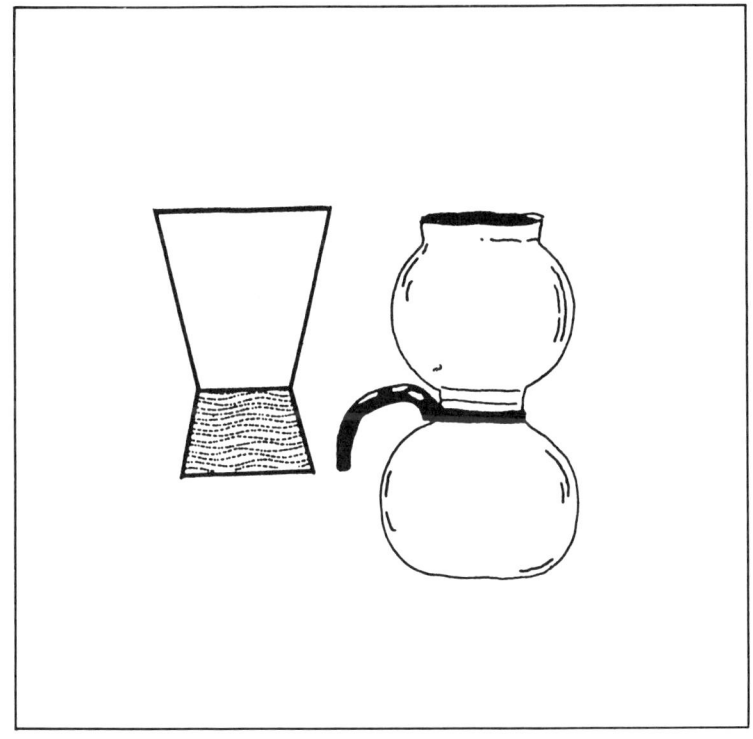

⑻ 알리지 않을 수 없는 격돌(激突)

1975년 여름, 미국에서 여름 더위를 날려 버릴 듯한 유괴사건
이 발생했다. 게다가 유괴된 것은 미국 최대 위스키 메이커 버본
으로 알려진 시그램사(社)의 당대 사장의 자식이었으므로 세상은
더 놀랬다.

결국 아이는 무사히 귀가하고 범인은 잡혔으나, 등줄기가 오싹
해지는 사건이었다.

시그램사의 시작은 금주령이 철폐된 때 시그램사의 브로프맨이
이때야 말로 크게 벌 기회라고 캐나다에서 미국으로 이주해 와
캐나디안 위스키를 발매한 것으로부터 시작된다. 당연 버본 위스
키와 캐나디안 위스키의 주도권 쟁탈전이 일어났다. 이것은 위스
키사에 잘 알려져 있는 버본과 캐나디안의 격돌이다.

시그램의 브로프맨은 캐나디안 위스키를 만들어 널리 보급하기
시작했다. 한편 미국의 옛 증류주 업자인 선레이 로젠슈틸은 그때
까지와 마찬가지로 버본 위스키를 팔고 있었다. 두개의 업자, 시
그램과 센레이 사와의 주도권은 어떻게 전개되어 갔을까.

가까운 장래에 위스키가 부족한 사태가 올 것이라는 것을 당시
에 확실히 알고 있었다.

브로프맨은 그 때 재고로 갖고 있던 위스키를 포함해 위스키
라는 위스키는 전부 손해를 계산하여 사들여 시그램의 라벨을 붙
여 시그램의 위스키로 만들어 이익을 도외시하고 계속 팔아 이름
을 널리 알리려고 생각한다. 한편 시장에 있어서 후퇴를 각오하고
나머지 스톡의 이윤을 확보하려고도 생각했다. 그러나 그 이름과
실속을 최대로 얻을 수는 없었다.

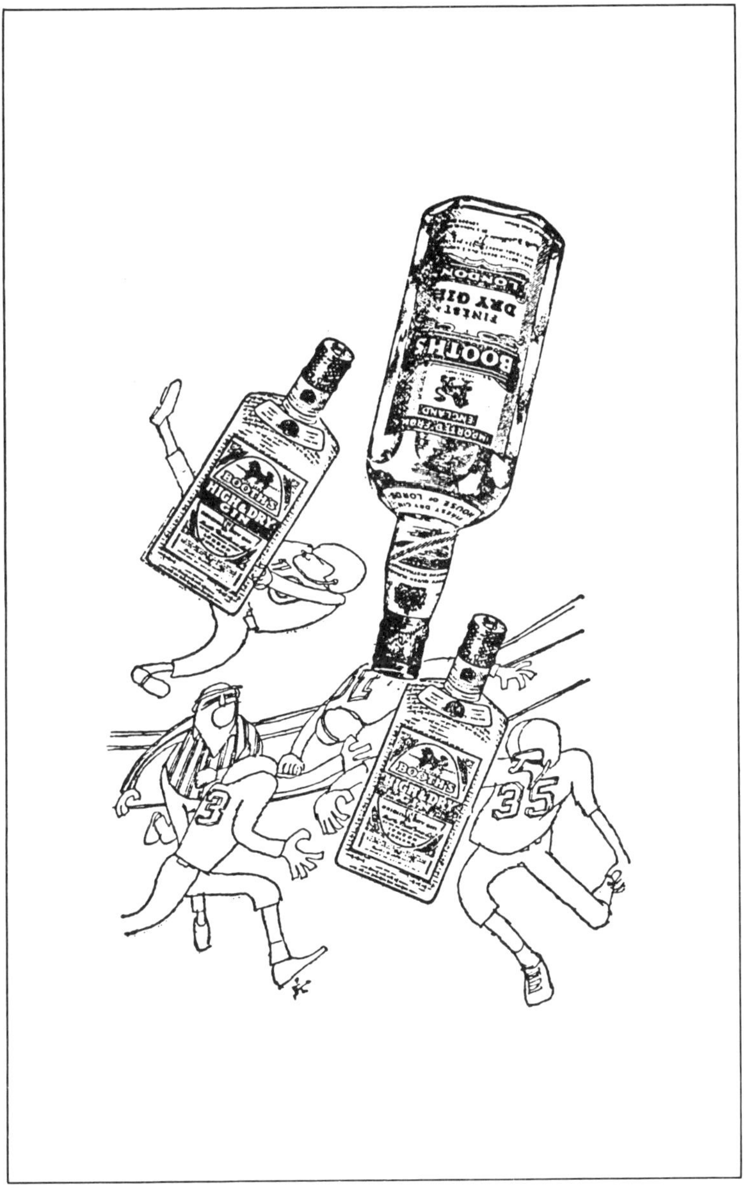
BOOTH'S
HIGH&DRY
GIN
BOOTH'S
FINEST
DRY GIN
LONDON
BOOTH'S
HIGH&DRY
3
35

　판매 시장에서 이 두가지가 격돌하는 것은 피할 수 없으므로 어떤 방법으로도 굽히는 점을 생각하여 획책하게 된다.

　1948년 9월 미국의 경제지 〈포춘〉은 이 위스키 업자의 승부를 흥미있게 기사로 다루고 있다.

　우선 브로프맨은 다른 곳으로부터 위스키를 인수했다. 이에 의해 경쟁은 상당히 격렬해졌다. 로젠슈틸도 지지않고 옛 스톡을 팔 때 특수한 라벨을 붙이는 전략으로 나왔던 것이다.

　이 결과는 누구도 모른다. 듣는 바에 따르면 양자는 서로 꺾고 오늘날에는 서로가 좋은 선을 유지하고 있다고 한다. 반복하지만 이것은 전해 들은 이야기이다. 만일 그렇다면 이와 같은 맹렬한 경쟁이 있었음에도 불구하고 양자는 어떤 수법인가를 써서 선을 그었다는 것을 의미한다.

⑼ 더블 더블 이야기

고대 그리이스에서는 술잔이 없고 연회도 개인 저택에서 열렸는데, 그 연회 때 술을 따르는 역할은 양가의 소년들이나 청소년이 맡는 습관이 있었다.

현대에 있어서는 술을 따르는 역할은 한결같이 바텐더 또는 호스테스인데, 미국에서는 그리이스의 고사(故事)를 따르고 있는지 바아에서 술을 따르는 것은 한결같이 남자가 맡고 있다. 나이트크럽에 가면 호스테스의 접대가 있지만……

바아가 언제부터 있었는지에 대해서는 여러 가지 설이 있지만 바아 라는 이름이 호텔, 식당 등에서 손님을 대접하는 횡목(橫木)에서 유래되었다는 것은 분명하다.

바아(bar)와 바아바아(barbar)는 동료처럼 들리고 그 어원도 비슷할 것 같지만 전혀 그렇지 않다. 바아바아는 프랑스어로 수염이라는 뜻이고, 바아바아(barba)에서 전화(轉化)된 것. 옛 영어 발음법은 바아바 라고 짧게 읽고 있었던 것이다.

원시 시대 이발(理髮)은 종교적 의식의 하나로, 이것을 실시하는 것은 승려와 약학자가 겸업하고 있었는데, 현대에 있어서는 그런 의식적인 것이 아니고, 이발하는 곳임과 함께 동시에 서민이 모이는 곳이 되어 있다. 만일 바아와 바아바아가 공통점이 있다면 이 서민이 모이는 장소라는 점이다.

바아의 이야기는 이 정도로 하고 술집 이야기로 넘어가자.

무대에서 말하는 더블은 일인이역, 침실에서 말하는 더블은 두 사람이 함께 쓰는 침대, 도박에서 말하는 더블은 흥망(興亡)을 하늘에 맡기고 하는 승부인데, 술집에서 말하는 더블은 2온스의 술이다.

온스는 주량을 재는 단위, 자세하게 말하자면 30밀리리터가 1온스이다.

그러나 이것을 재는 것은 간단하다. 메져 컵이 1온스를 간단하게 잴 수 있도록 만들어져 있기 때문인데, 메져컵이 없어도 좋다. 오소독스한 위스키 그라스 라는 것은 보통 1온스로 만들어져 있으므로 이 그라스를 사용하여 2회 재면 더블이 되는 것이다.

리큐 그라스도 1온스가 표준이므로 메져 컵 대신 사용할 수 있는데 틀리더라도 셰리 그라스는 사용하지 않는 것이 좋다. 셰리 그라스는 리큐 그라스와 비슷한데 1온스 반이 들어가도록 되어 있기 때문이다. 손님 쪽은 서어비스가 좋다고 즐거워할지도 모르지만 셰리 그라스를 메져 컵 대신으로 쓰면 술장사는 완전히 적자가 된다.

최근에는 위스키를 더블로 마시는 손님이 무척 늘었다. 게다가 '온 더 록은 더블로.'라고 말하는 것이 압도적으로 많은 것 같다.

올드 패션 그라스에 얼음을 넣어 더블 위스키를 따라 마시는 방법은 미국에서 전해진 것인데, 더운 여름날의 음료로써는 우선

아브상‘큐즈니에’를 위하여 1900년에 만든 타망고의 포스터. 포르네
이도서관 소장.

최고의 부류에 들어간다.

이 온 더 록은 배를 타는 사람들의 창안(創案)이 아닌가 라고 나는 생각하고 있다. 이 이름을 누가 붙인 것인지는 모르지만, 이 음료법을 생각한 것은 선원들인 것임에 틀림없다.

그 이유 중 하나로써 이 온 더 록이 올드 패션 그라스를 사용하고 있다는 것을 들고 싶다. 본래 올드 패션 그라스는 우리들이 일상 컵이라고 부르고 있는 그라스의 변형인데, 바닥을 두껍게 하고 길이를 낮게 한 스타일로 되어 있다.

이것은 선원들이 거친 바다의 항해 중에 앉음성이 좋은 컵을……… 이라는 요구에서 나온 것 같고, 선원들이 한결같이 애용하고 있던 그라스라고 일컬어지고 있다. 이 선원 애용의 그라스를 사용하는 것과, 그 단순하고 야성미 넘치는 모양과 마시는 방법이 나

의 상상을 선원으로 연결시킨 것이다.

온 더 록은 칵테일과 같이 거드름을 피우는 음주법을 필요로하지 않는다.

위스키 스트레이트라도 정식 음주법은 위스키를 마셨으면 체서 (얼음)를 먹어 혀의 미각을 새로이 하고 또 위스키를 마신다……라는 것이 되어 있으나, 온 더 록은 그저 깊게 즐겨 마시면 되는 것이다.

물론 술집에서 위스키의 스트레이트를 정식 매너로 마시는 사람은 한 사람도 없다고 말해도 좋을 정도이지만, '온 더 록 더블'은 그저 꿀꺽 스트레이트로 마신다. 역시 독특한 상쾌함을 맛 볼 수 있는 것이다.

그리고 술집에서 1온스라거나 싱글이라거나, 2 온스라거나 더블이라고 말하는 대신 쓰이는 말이 있다. 핑거이다. 1온스일 때는 핑거, 2 온스일 때는 투 핑거스 라고 한다.

핑거는 영어로 손가락을 의미하지만, 주량을 나타내는 이 말은 미국에서 왔다. 본래의 의미는 탬블러나 위스키 그라스의 바닥 부분 옆에 손가락 1개를 붙이고 배 높이까지 술을 따르는 분량을 말하는 것이었는데, 지금은 핑거가 1온스, 투 핑거가 손가락 배의 높이 즉, 2배의 분량이 더블이라고 되어 있다.

본래 미국인들의 손가락 높이와 우리의 손가락 높이를 비교하면 새삼스럽게 말할 것도 없이 후자가 열등하므로 손님쪽에서 보자면 핑거의 의미를 제대로 알지 못하는 것은 손해이다. 투 핑거스는 더블보다 작아지는 경우가 있기 때문이다.

바다 저편 술집에서는 더블이라거나 투 핑거라고 하지 않고, 의자에 앉아서 단지 손가락 두개를 바텐더에게 보이는 손님이 상당히 많다. 특별한 일이 없는 한 술은 손님이 원하는 위스키를 의미하고 있고, 바텐더는 손님이 원하는 위스키를 기억하고 있는 것이 예의로 되어 있기 때문에 이것으로 완전한 커뮤니케이션이 성립하는 것이다.

더블이라는 말은 다른 말과 함께 여러 가지 의미를 만들고 있다. 은어에서 말하자면 속뜻이다. 더블에는 '속뜻이 있다'라는 의미가 있으므로 은어로 많이 쓰이는 것도 이 이유에서이다.

그러나 더블 바아(double bar)라는 영어는 은어도 아무 것도 아니다. 더블이라는 말과 바아라는 말이 모두 술집과 직접 관계되는 것이므로 웬지 술집 용어 같은 냄새가 나지만 이것은 어엿한 음악 용어이다. 악보의 5선에 종(縱)으로 그은 막대기 중 2개의 막대기 쪽을 더블 바아라고 한다.

3. 칵테일에 얽힌 은어와 농담

(1) 문 샤인(moon shine)

옥스포드 대사전은 슬랭을 '보통 교육 정도 이하의 언어'라고 정의하고 있는데 또 슬랭은 은어와 나란히 사물을 노골적으로 말할 수 없을 때에 자주 사용된다.

예를 들면 밀조주인데, 이것은 노골적으로 말할 수 없으므로 이리갈 블루잉(illegal brewing) 등이라고 말하는 것은 우선 공무원이 보고할 때 정도이므로 거의 슬랭 표현으로 일컬어진다.

밀조주의 슬랭에는 상당히 멋을 낸 것이 있다. 자주 사용되는 것이 '문 샤인' 문자 그대로 '달의 빛남'이라는 낭만적인 슬랭이다.

'문 샤인'과 함께 '문 라이트' 즉, '달빛'이라는 슬랭도 사용된다. 달은 밀조주를 만드는 데는 신과 같은 유일한 빛이기 때문이다.

달의 빛이라는 말을 들으면 상당히 낭만적인 무드의 슬랭이지만, 이 슬랭에 이르게 된 이유를 알아야 한다.

'마운틴 듀' 즉, '산 이슬'이라는 슬랭도 상당히 잘 살려진 표현이다. 사람의 인기척이 없는 산속에서 만들어진 밀조주의 신비성? 역시 잘 만들어낸 표현이다. 이 슬랭을 만들어낸 사람은 시심(詩心)을 가진 사람이다 라고 감탄하고 싶어지는 것이다.

미국의 유명한 국립공원에 '옐로 스톤 파크'라는 것이 있다. 보호의 목적으로 들에 풀어 놓은 들소나 곰을 관광버스 안에서 볼

수 있는 광범위한 자연 공원인데, 이 부근에서도 밀조주가 만들어
지고 있다. 그것이 바로 '옐로우 스톤 워터'라는 밀조주의 슬랭이
다.

　워커 베이스에 라임 쥬스와 진저 엘을 섞어 만든 '모스크뮬'이
라는 칵테일이 있다. 그대로 직역하면 '모스크의 당나귀'라는 뜻
인데, 이것 또한 상당히 센스 있는 이름으로 이 이름에는 또 한가
지의 의미가 있다.

　뮬, 즉 당나귀는 실은 밀조주의 은어이다. 그러므로 모스코 뮬
에는 이중의 의미가 포함되어 있는 것이다. 금주 시대의 캘리포니
아의 팔모스 호텔에서 은밀하게 만들어진 칵테일을 연상시키는
이름이다.

　금주 시대의 이야기가 나왔으니 금주 시대의 이야기를 하자. 금

주 시대는 1920년 1월16일에 내려진 금주령에 의해 시작되었다. 금주령이 밀조주 제조를 부채질하고, 갱의 횡포를 초래했다는 것은 너무나도 유명한 이야기이다.

　1933년 금주령은 헌법의 규정과 함께 내려졌는데, 오늘날에도 금주를 실시하고 있는 곳이 있다. 그와 같은 주(州)는 드라이 스테이츠(금주주)라고 불리우고, 그렇지 않은 주는 웨트 스테이츠(비금주주)라고 불리우고 있다. 웨트 주에서도 양조는 정부의 허가를 필요로 하지만 웨트주이든 드라이주이든 정부의 허가가 없는 술, 즉 밀조주를 만드는 사람은 그 수는 적지만 지금도 있다고 일컬어지고 있다.

(2) 무허가 술집

무허가 라는 것은 법이 금하는 것을 실시하는 상법을 가리키는 말로 무허가업이라고도 한다. 미국에서 이 무허가가 유행했던 것은 금주 시대의 무허가 술집(스피크 이지 : speakeasy)인 것이다.

이 스피크 이지에서 밀주를 제공하는 무허가 업자에게는 각각 일할 수 있는 경계가 있어서 시카고이면, 노스 사이드의 어디는 누구, 사우스 사이드의 어디는 누구라는 식으로 정해져 있었다. 이 무허가 업자는 물론 갱이다.

밀조주(密造酒), 밀수주(密輸酒)의 제공을 주로 하는 갱은 장사하는 사람들의 은어로, 알콜잡음(alki noise)이라거나 럼 라켓(rum racket), 부즈 비즈(booze biz)라고 일컬어졌다.

밀조주, 밀수주를 슬랭 후치(hooch)라고도 하므로 후치 그레프트(hooch graft)라고 시민들이 속삭이는 경우도 있었다. 그레프트(graft)는 미국의 슬랭으로 오직(汚職)을 말하는 것이다.

금주 시대의 밀조주, 밀수입주는 시카고의 호수 위를 달리는 전차나 화학 약품을 운반하는 웨곤 등에 의해 운반되었는데, 갱들은 이 루트를 지하 철도(underground railroad)라고 하거나, 이 머릿글자를 따서 UGRR 이라고 불렀다.

이것은 이 밀수주 입수(入手)의 경로에 사용될 뿐만 아니라 더 나아가서는 밀조주를 만들어 무허가 술집에서 파는 시스템 일반을 가리키는 은어로써 사용하고 있었다.

그리고 럼 런닝(rum running)이라든가 화선(카고=Cargo)이라거나, 달린다(런=run)라는 은어가 밀수주 입수 경로를 나타내는 은어가 되어 있었다.

그리고 그 짐을 금물(하드웨어＝hardware)이라거나 잡화(그로서리즈＝groceries)라는 식으로 말했다. 그 무렵에는 밀수주를 화학약품이라고 하는 은어는 이미 진부하게 생각되었기 때문이다.

(앞에 썼듯이 은어의 수는 매우 많다)

그것은 그렇고 이런 악덕업을 비롯하여 카포네는 어떤 일을 하여 얼마 정도의 돈을 벌었을까. 연방 정부의 상상으로는 카포네의 수입은 일억 일천만 달러였다. 그 내역은 밀조주, 밀수주의 매상에 의해 6천만 달러, 도박으로 2천5백만 달러, 매춘(賣春)으로 1천만 달러, 노동 조합에 의해 1천5백만 달러가 된다.

이 정도의 벌이가 아니었더라면 그가 이와 같은 행동은 할 수 없었을 것이다.

갱들의 돈 씀씀이의 엄청남은 장례식에 있어서도 잘 나타난다. 알 카포네는 그의 부하를 시켜 오베니온을 살해했을 때 1만 달러

의 관과 5만 달러의 조화를 보냈다고 한다.

그의 매상의 내역을 보자. 밀조주, 밀수주를 한잔에 얼마 정도의 가격으로 팔았을까. 그에 대해서는 여기에서 정리해 보기로 하자.

우선 밀조 맥주의 양조주인데, 이것이 한병에 5달러였다. 이것은 UGRR이라는 은어로 일컬어지는 조직을 통해 55달러에 팔렸다. 1주 동안에 55달러를 윗도는 통이 2만통은 넘었다고 하니 밀조주는 갱들에게 있어서 하지 않을 수 없는 장사였을 것이다.

그 맥주는 무허가 술집에서 한잔에 1달러에 팔렸다. 금주법 전의 가격에 비하면 그 가격은 4배 정도 오른 것이다.

하이볼은 금주법 이전에는 15센트 정도였는데 금주시대에는 75센트 정도가 되었다. 이 무허가 술집이나 갱의 경영은 목숨을 건 것이었으므로 당연 여기에 돈이 개입되게 된 것이다.

(3) 눈먼 돼지

술과 관계가 있는 동물은 인간 뿐이라고 말할 수 있겠지만 수많은 칵테일 이름에 동물 이름을 붙인 것은 의외로 적다. 일반적이지 않은 것을 넣어도 아마 10손가락도 되지 않을 것이다.

나는 이것을 알아차리고 잠시 술과 동물이 연관되는 것을 조사해 보았는데 바람직한 자료는 좀처럼 없었다.

그런데 술 이름과 동물이 연관된 것을 조사해보니 있었다.

금주법 당시 미국의 갱은 밀조주를 은어로 '눈먼 돼지(블라인드 피그)'라거나 '파란 돼지(블루 피그)'라고 했다고 한다.

그러고보면 그 무렵 밀조주의 제조나 판매로 돈을 버는 알폰느 카포네를 두목으로 하는 갱 일단에 '맹 돈정(盲豚亭)'이라는 은어로 불리우는 아지트가 있었다는 것은 큰 일도 아니다. 은어를 해설하면, 갱들 만이 다니는 밀조주정(密造酒亭)이라는 이름이었던 것이다.

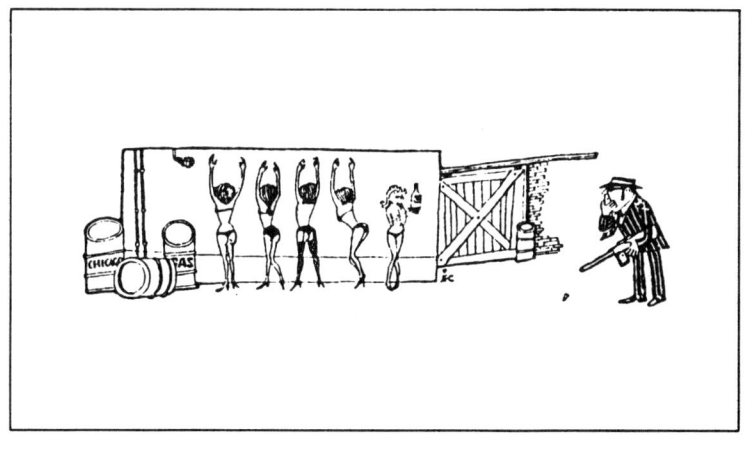

▲바카르디(Bacardi)

　바카르디 화이트 럼 3／4, 레몬 쥬스 1／4, 그래나디온 시럽 1대시를 잘 섞어서 칵테일 그라스에 넣는다. 사진은 하빅트사(社) 제품인 크리스탈 그라스에 바카르디를 넣은 모양.

(4) 처녀개화(處女開花)

이상 야릇한 일이 인연이 되어…라는 말은 사랑을 하게 될 때에만 사용되는 것은 아니다. 속어나 은어 뿐만이 아니고 어엿한 영어가 이상 야릇한 일이 계기가 되어 탄생된 예가 적지 않기 때문이다.

게다가 그 이상 야릇함이 미스였다는 예가 몇 있다. 잘 아는 피(Pea＝완두콩)는 철자가 역성(逆成)된 영어이다.

그리고 또 있다. 호텔이나 극장 등의 현관 입구에 있는 유리 등의 차양을 마끼(Marqee)라고 하는데, 이것도 영어의 오인(誤認)으로 역성된 말이다.

마끼 라고 하면 이런 의미 보다도 바자나, 꽃시장, 가든 파티 등에 사용되는 큰 텐트를 말하는 영어로써 친숙해져 있을 것이라고 생각하는데, 그 마끼라고 일컬어지는 말에는 역성 영어 라는 에피소드가 있는 것이다.

그런데 이 마끼가 되는 큰 텐트는 어떤 영어에서 역성된 것일까. 놀랍게도 후작 이라는 의미의 마끼스(Marquis)라는 영어가 이상한 일로 오인되어 역성되었던 것이다.

또 체리(Cherry)도 역성 영어의 하나이다. 체리 라는 말은 영어의 슬랭 표현으로는 '처녀(處女)'라고 되어 있다. 그러므로 예를 들면 '쉬 이즈 체리'는 '그녀는 처녀이다.'라는 표현이 되는 것이다. 슬랭 표현은 보통 회화에는 사용되지 않지만 이런 슬랭 표현이 있다는 것 정도는 여흥을 위해 기억해 두어도 좋을 것이다.

체리의 슬랭은 이상과 같은 의미를 가지고 있으므로 체리 블로섬(Cherry Blossom)은 바르게는 '벚꽃 개화'나 '벚꽃이 핀다'라는 식으로 해석되지만, 슬랭으로는 '처녀 개화'라는 의미를 갖는다.

그럼 체리 블로섬 이라는 이름의 칵테일을 소개하겠다. 재료는 브랜디, 체리 브랜디, 그레나덴 시럽 그리고 레몬 쥬스, 네가지 종류이다.

브랜디는, '영웅이 되고 싶은 남자는 모두 브랜디를 마셔라'라고 사무엘 죤슨(1709~1784. 영)이 말한 양주인데, 포도주를 증류하여 만든 것이다.

체리 브랜디는 체리(버찌)와 브랜디로 만든 리큘이다. 어떤 책에 의하면 영국의 옛 처방에는 버찌를 하나 반 정도 넣고 57.1도의 브랜디를 넣은 후, 그대로 20일 정도 둔 다음 다른 통에 옮긴다는 제조법이 기록되어 있다고 한다. 그러나 현재 이와 같은 방법을 할 수는 없고 대충 버찌의 향미(香味)를 축출하고 이것을

증류 방법에 의해 브랜디에 가한다. 그레나덴 시럽, 석류나무(붉은 구즈벨리) 시럽, 레몬 쥬스에 대해서는 새삼스럽게 말할 필요는 없을 것이다.

이상 4종류의 재료 중 브랜디와 체리 브랜디는 각각 3분의 1온스 씩, 그레나덴 시럽은 티스푼으로 한개, 레몬 쥬스는 2 방울 이상을 쉐이커에 넣고 잘 쉐이킹한 뒤, 칵테일 그라스에 부어 마시는 것이 체리 블로섬 칵테일이다.

이 칵테일의 유래는 체리 브랜디와 그레나덴 시럽에 의한 벚꽃색의 칵테일이기 때문인데 역시 슬랭표현을 잘 사용한 '처녀개화' 칵테일이다 라는 것을 기억해 두면 화제의 재료로 삼을 수가 있다.

(5) 어리석은 남자의 목

출장전(出場前)의 켄터키 러비의 와중에 만일 한 기수가 말의 목을 만지면서 그 목에 칵테일을 붓는다면 당신은 분명히, '이 기수 미친것 아닌가. 마시고 싶지 않으면 내가 마셔 줄텐데.'라고 생각할 것임에 틀림없다.

이 호세스 넥 칵테일은 경마 관계자들에게서 애호되는 칵테일이다. 기수가 말의 목에 뿌리는 것도 마친 짓이 아니다. 승리를 기원하며 말에게 기운을 주려는 것이다.

이 칵테일은 제 26대 미국 대통령인 루즈벨트가 말 위에서 애음(愛飮)했다고 해서 명명된 것이라고도 하는데 진위는 확실치 않다.

이 말은 이 명명의 유래에는 또 한가지 설이 있기 때문이다. 그 일설(一說)의 지지자는 루즈벨트와는 관계가 전혀 없는 아주 현실적인 설을 가지고 나온다. 칵테일을 넣는 콜린 그라스가 말 목과 비슷하다는 것과, 감은 레몬 껍질이 깨끗하게 짜인 말 머리와 비슷하다고 주장한다.

호세스 넥 즉, 말의 목이라는 이름의 칵테일은 은어로는 '어리석은 남자의 목'이라는 의미를 가지고 있다.

영어의 '말(馬)'에는 어리석은 남자, 바보같은 남자. 헤로인, 그리고 농담이라는 의미가 있다.

어리석은 남자의 목은 월말(月末)에 잘 돌아가지 않는 남자의 목이다. 즉 남성다운 남성, 월말에 있어서 넥 스타일을 닮은 칵테일이 이 호세스 넥이다. 그러므로 남성이라면 관심을 가지지 않을 수 없는 칵테일이라고 해도 좋을 것이다.

▲아메리카노(Americano)

  캠퍼리 30㎖, 스위트 벨모트 30㎖를 큐브 아이스 2~3개가 든 올드 패션 그라스에 넣는다. 오렌지 슬라이스를 반분(半分)하여 장식하고 마드라를 첨가한다.

　이것을 듣고 이 칵테일에 다소 친근감을 느끼는 사람도 있을 것이고. "아니, 뭐야. 그런 칵테일은 그만두겠어."라고 외면하는 사람도 있을 것이다. 그러나 아무튼 참고 삼아 이 칵테일의 처방을 다음에 써두겠다.

　8온스 탬블러의 가장자리에 이것을 건다. 이 코링 그라스 또는 8온스 탬블에 얼음덩어리를 3개나 4개 정도 넣고 브랜디를 1 온스 넣은 후에 진저 엘로 맛을 낸다는 것이 만드는 방법이다. 브랜디 대신 진이나 위스키를 넣어도 좋다.

　이 칵테일은 산뜻한 맛으로 여름에 스포츠 후에 마시는 것으로 적합하다. 루즈벨트도 말 위에서 갈증을 풀었을 것이다.

(6) 그레드 아이(eye)

영어의 '아이(eye)' 즉, '눈'이라는 단어는 은어로 '유방'이라는
의미도 있으므로 그레드 아이는 '기쁜 유방'이라는 은어 표현이기
도 하다. 그러나 이 칵테일에서 느끼는 것은 그런 것이 아니다.

오히려 얼굴이 갸름하고 속눈썹이·긴 중년 여성의 눈길을 받은
그런 느낌이 있다.

순간적으로 잠시 떨리는 느낌이 이 칵테일 안에 있다.

분명 이 칵테일을 처음 만든 사람이 칵테일의 아름다운 녹색에
빠져 있을 때, 가까이에서 아름다운 여성이 눈길을 주었을 것이다.
당황하여 그 칵테일을 입에 대었을 때의 맛과 크레임 드 멘트의
상쾌한 맛이 입을 감쌀 때의 기쁨, 그래서 '그레드 아이 칵테일'
이라는 이름을 지은 것이 아닐까.

칵테일의 이름에는 여러 가지가 있지만 그레드 아이 칵테일이
라는 이름은 실로 멋진 것이라고 생각한다.

식물, 동물, 고유명사, 추상명사, 인명, 지명…… 이런 것 중에
서 '눈길'이라는 동기로 이름을 지었을 것은 없을 것이라고 생각
한다. 책상에 앉아서 이것으로 할까, 저것으로 할까 하고 헤매면
서 이름을 지은 것은 아닐 것이라는 느낌이 든다.

신사가 중년 여성에게 칵테일을 권할 때, 제1 후보로써 이 그레
드 아이 칵테일을 추천하고 싶다. 만일 그녀가 사양하듯 눈을 내
려 깔고 있어도 분명히 이 칵테일을 앞에 놓으면 텔레파시의 정
서(情緒)가 생길 것이라고 믿기 때문이다.

(7) 팬지 칵테일

　'팬지 칵테일'이라는 이름의 칵테일이 있다. 이 칵테일의 은어는 마치 퀴즈 같은 것이다. 이것을 소개해 보겠다.

　본래 '팬지'라는 영어는 '3색 제비꽃'이라는 아름다운 의미를 가지고 있다. 그런데 팬지 칵테일이라는 칵테일은 일찌기 프랑스에서 중독자를 속출시킨 나머지 제조를 중지시켰다는 강렬한 술을 베이스로 하여 만든다. 그 강렬한 술이란 아브상이다.

　이 '아브상'이라는 양주는 향쑥을 스피리츠로 배합한 리큘로 68도와 45도, 2종류가 있다.

　팬지 칵테일의 처방은 이 아브상에 그레나덴을 6방울 떨구고 거기에 안고스튜러 비터 2방울을 가하여 잘 쉐이크한 뒤, 칵테일 그라스에 따라 마시는 것.

　그레나덴의 붉은 색이 돌아 보기에도 아름다운 칵테일이다.

　그럼 어째서 이 칵테일을 팬지라고 부르는가. 3종류의 술을 섞기 때문에? 그렇게 생각할런지도 모르지만 그렇지 않다.

　그 이유를 알기 위해서는 팬지의 속어를 알아야 한다. 팬지는 속어로 '동성연애 남자'라는 것. 보기에 여성적인 색의 칵테일이지만 마셔 보면 의외로 남성적인 맛의 칵테일이라고 일컬어진다. 이차로 간 술집에서 이 퀴즈를 내보자……

(8) 스크류 드라이버

이 칵테일의 또 다른 이름은 미남. 정식 이름은 스크류 드라이버이다. 미국의 속어로는 '자동차를 곧장 운전할 수 없는 사람' 즉, 폭음 운전을 말한다. 본래는 나사돌리개를 일컫는 영어이다. "나사 돌리개로 여자를 죽이는 것인가……"라고 말하지 말고, 뒤를 읽기 바란다.

만드는 방법은 간단하다. 워카 2 온스를 중형 탬블러에 넣고 거기에 오렌지 쥬스를 붓고 얼음 조각 몇개를 넣어 젓는 것 뿐이다.

홈 바아에서도 누구나가 만들 수 있다. 만일 워카가 없으면 대용으로써 진을 사용해도 좋을 것이다. 그러나 풍미가 달라지는 것은 말할 것도 없다. 이 나사돌리개가 어째서 여자를 유혹하는 미남자인가. 그것은 얼핏 보면 이 칵테일은 오렌지 쥬스 같이 달콤하고 입맛이 좋아 여성을 취하게 할 때 최고로 적합하기 때문이라고 한다.

(9) 보일러 메이커

　보일러 메이커, 즉 '증기통'이라는 말은 미국의 술집의 은어인데, 이 은어에 숨겨진 음주법은 소량의 술로 매우 효과적으로 취하기 위한 것이다. 이것을 알고 있으면 월말에 도움이 된다.

　'증기통'이라는 것은 통에 물을 넣어 두고 불을 피워 열탕을 끓여 증기가 나오도록 하는 것인데, 인간의 몸에 물이 아닌 술을 넣어 이 술에 빨리 취하도록 하려면 어떻게 하는 것이 좋을까. 보일러 메이커라는 은어가 이 문제의 해답이다. 보일러 메이커로 술마시는 법을 생각한 남자야말로 '가치 있는 남자'라고 하지 않을 수 없다.

　마시는 방법으론 우선 바아에 가면 워커나 아브상과 같은 술을 스트레이트로 한다. 마시기 좋은 술을 마시겠다 라는 사람은 위스키를 마셔도 좋을 것이다. 칵테일인 경우에는 녹아웃이나 드라이 마티니 같은 신맛의 짜릿한 것을 주문한다.

　다음에 얼음 대신에 맥주를 주문한다. 이 맥주가 보일러 메이커의 불이 되는 것으로, 술을 마셨으면 맥주를 마시고 맥주를 마신 다음에는 술을 마신다……라는 식으로 반복하면 몸이 곧 타오른다. 단 건강한 음주법이 아님을 명심해 둔다.

4. 칵테일의 건강법

(1) 우아한 삶

앞에서도 서술했듯이 음주의 이유에는 3가지가 있다. 첫번째는 노동의 긴장을 풀고 피로를 회복시키기 위해서이며, 두번째는 환경에 대한 부적응에서 생기는 불안이나 긴장을 해소하기 위해서이고, 세번째는 개인과 개인과의 유대를 친밀하게 하기 위해서라는 이유로 음주는 스트레스를 해소하는 데 분명히 효과가 있다.

공복에 술을 마시는 방법은 결코 건강한 음주법이 아니다. 건강하고 우아한 삶을 기본으로 한다면 음주 때에는 가능한 합리적인 술안주를 먹는 것이다. 안주라고 해서 무엇이든 비싼 것이 좋다는 것은 아니다. 싼 것이라도 영양학적으로 우수한 것이 있다.

음식의 영양소는 ①일의 활동력이 되는 탄수화물(쌀, 보리 등의 곡류, 설탕 등의 당류) ②에네르기원(源)으로서의 지방(식용유, 버터 등) ③근육, 혈액 등을 만드는 단백질(육류, 어패류, 대두제품) ④이들 영양소가 체내에서 잘 이용될 수 있도록 작용을 하여 몸의 기능 조절을 하는 비타민류(야채, 과일, 해초, 우유, 레버 등) ⑤④와 같은 작용과 함께 이나 뼈가 되는 무기질(④와 같다)의 다섯가지인데, 영양으로서는 이들 다섯가지 그룹의 조합이 건강체(健康體)를 만든다.

물론 술 자체에 영양은 있지만 술만으로는 균형이 맞지 않는다.

음주가 일시적으로 체력을 증가시킨다는 생각을 들게 할 뿐 영양적으로는 완전하지 않은 것이다. 따라서 만일 술을 마시면서 영양을 취하려면 영양의 밸런스를 유지하면서 마신다는 것을 명심해야 한다.

술을 고르는 것은 재미있다. 마시는 것도 유쾌하다. 그러나 고가의 술을 구하는 것이나 기분에 맡겨 술잔을 거듭하는 것만을 생각하지 말고, 술 안주에도 주의를 기울여야 하는 것이다. 술을 마실 때 무엇인가를 먹는 습관은 동서양을 막론하고 어디에나 있지만 구미의 경우는 그 상태가 실로 좋다. 무엇인가를 먹는 습관은 꼭 우리들의 생활 속에 받아들였으면 한다.

그런데 대부분의 사람은 음식은 그다지 먹지 않고 술을 마신다. 이런 사람들에게도 이유는 있는데, 다음과 같이 재미있는 말을 하는 것이다.

예를 들면 '술은 가솔린이다. 가솔린을 공급하는 것 만으로 차는 달리지 않는다. 그러므로 술을 마시는 것이다.'라는 식으로 이유를 대며 술을 마시는 사람이 있다.

분명히 술 즉, 알콜은 체내에 들어가면 연소되어 일정한 에네르기가 된다. 그 에네르기의 일부는 체온의 유지 등에 쓰이고, 당분이나 지방의 소비를 절약하는 데 도움이 된다. 그러나 술은 가솔린 검약(儉約)에 도움이 된다는 쪽이. 보다 바르다. 그러므로 우아한 삶을 살려면 앞에서 서술한 음주의 세가지 이유를 잘 나누어 사용하여 마셔야 할 것이다.

어느 술에 어느 정도의 칼로리가 함유되어 있는가. 이것을 정리해 보면 다음과 같이 된다.

맥주 큰병 1병(650그램)=228 칼로리

위스키 한잔 (28그램)=66칼로리

와인 1잔(28그램)=31칼로리

브랜디 1잔(28그램)=89칼로리

마찬가지로 식품량으로 비교해 보면 다음과 같이 된다.

밥이라면 가볍게 한 공기(약 123그램)

생선이라면 회 반(약 161그램)

버터라면 약 8분의 1 파운드(약 29그램)

야채이면 약 350근(약 1313그램)

설탕이라면 약 10분의 1근(약 55그램)

이상의 데이터로 알 수 있는 것은 술을 매일 마시면 피하 지방이 쌓여 체중이 늘고 뚱뚱해진다. 밥이나 면류와 같은 당질의 것은 가능한 피하고, 양질의 단백질과 비타민이 풍부한 안주를 먹을 필요가 있는 것은 이 때문이다.

술안주를 선택했으면, 그럼 어느 정도 마시면 좋은가. 이에 대

한 대답은 누구나 알고 있으나 조금 더 생각해 보자.

술이 인체에 미치는 해 중에서 하나는 간장을 상하게 하는 것이다. 술의 장에 대한 영향도는 사람에 따라 차이가 있지만 대체로 맥주이면 큰병으로 2병, 행주이면 2홉, 위스키이면 한잔이다.

그러나 워카이면 한잔도 너무 많다. 다음의 표를 보면 알 수 있다.

맥주 3~5도

와인 6~13도

샴페인 12~13도

베르모트 18~19도

약주 20~35도

카스트리 35~40도

큐라소 40~42도

브랜디 45~49도

위스키 45~50도

럼 48~50도

고량주 55~65도

아브상 60~80도

워카 60~90도

우아한 삶에 만취는 금물이므로 참고삼아 술과 취하는 것의 관계에 대해 알아 보자.

중간 정도의 몸집에 중간 키의 남자가 1시간 당 10그램의 알콜을 마시고 있으면, 분해 배출의 속도로 보아 혈중농도(血中濃度)는 조금도 오르지 않는다. 이 정도의 마시는 속도이면 하루내내 마셔도 조금도 취하지 않는다.

위스키 한잔(약 30그램) 중에 알콜은 13~15그램 포함되어 있는데, 이것의 완전 분해는 약 1시간 걸린다. 그러므로 1시간 당 3분의 2 잔의 속도로 위스키를 마시면 혈중 농도는 오르지 않고, 몇시간 마셔도 아무렇지도 않다.

마시기 전에 신경을 흥분시키는 음식물을 미리 먹어 두고 연회에서는 가능한 느긋하게 마셔 혈중 농도를 올리지 않도록 명심할 것, 또 지방분이 풍부한 안주를 먹으면 술의 흡수 속도가 느려지는 것은 말할 것도 없다.

아무튼 술에 강해지기 위해서는 술을 마시기 전에 커피, 홍차, 녹차를 마셔둘 것, 술 안주는 사양하지 말고 먹을 것, 마시는 속도는 가능한 느리게 할 것, 이 세가지를 지켜야 한다.

또 만일 가능하다면 미리 계란 노른자를 2개 먹거나 치즈를 먹는다. 또는 버터를 듬뿍 바른 빵을 먹도록 하면 술에 강해질 뿐 아니라 취하지도 않는다. 소화기관이 약해져 있을 때, 술을 마시면 비록 맛있는 술 안주가 있어서 먹어도 소화가 잘 되지 않으므로 결국 불쾌한 기분을 맛보게 된다. 그리고 복통이나 설사로 괴로움을 겪게 되고 다음날에는 숙취로 기분이 나빠진다.

간장이나 심장이 약해져 있을 때도 마찬가지일 것이다. 이들 기관이 좋은 상태가 아니면 술을 마셔도 기분좋게 마실 수 없을 것이라고 생각한다. 기분이 좋지 않으면 기분이 좋아질 때까지 마시려는 심리가 작용하지만, 이것 만큼 숙취를 가져오게 하는 원인은 없다.

술을 즐겁게 마시기 위해서는 우선 신체의 컨디션을 잘 조절해 두어야 한다. 신체의 컨디션이 좋지 않은 상태에서 술을 마시면 쉽게 숙취가 된다.

즐겁게 술을 마시는 요령은 이 정도로 해 두고 드디어 피로 회복을 위한 칵테일에 대해 서술하기로 하자.

(2) 겨울 스태미너

1월에서 2월은 병이 많은 때이다. 인간의 대적(大敵)은 많이 있지만 대적 중의 대적은 병이다. 자신을 위해서 뿐만이 아니고 세상을 위해서도 병에 걸려서는 안된다.

어떻게 해서든지 병에 걸리지 않으려는 바램은 정상 신경을 가진 인간이면 누구나의 간절한 바램이지만, 1~2월에는 병이 집중되어 대적이 확 늘어나 버린다.

그러면 어째서 겨울에 병이 집중되는가. 그것은 겨울의 극성스런 추위가 스트레스가 되어 몸을 엄습하기 때문이다라는 설이 있다. 게다가 몸이 위협받는 정도는 문명 진보(文明 進步)의 정도에 비례하는 것이므로 자칭 문명국에서 자라나 생활하고 있는 문명

▲그라스호퍼(Grasshopper)
　크림 드 카카오(白) 1/3, 크림 드 먼트(綠) 1/3, 생크림 1/3을
잘 섞어서 칵테일 그라스에 넣는다.

인은 1월에서 2월에 걸친 기간이 병에 걸리기 쉬운 상태이다.

병이라고까지 할 수는 없더라도 몸이 나른한 것도 겨울의 특징이다. 이것은 추위가 오면 인간의 몸은 그에 대항하기 위해 왕성하게 열을 발생시키는 것이 원인이다. 열을 발생시킨다는 것은 몸 안의 포도당이 활활 탄다는 것인데, 이 때 비타민 B가 필요하게 된다.

따라서 대적이 가까이 오지 못하게 하기 위해 겨울에는 칼로리 부족을 일으키지 않도록 지방분이 많은 음식과 체력을 유지하기 위해 양질의 단백질을, 또 몸의 상태를 정비하기 위해 비타민 B를 듬뿍 섭취해야 한다.

계란의 노른자와 브랜디로 만든 네덜란드의 인 아드보카스가 스태미너 리큐어이라고 일컬어지는 것이다. 계란 노른자를 사용하

는 칵테일이나 에그녹 등을 이 계절의 건강과 피로회복을 위한 칵테일로써 권유하는 것도 이와 같은 이유이다.

그러므로 계란 노른자를 사용한 칵테일을 우선 세개 정도 소개하겠다.

아브상 앤드 애그 칵테일(Absinthe and Egg Cocktail)

아브상 1 / 3 온스
진 1 / 3 온스
계란 노른자 1개
설탕 찻숫갈 1개

이상을 설탕의 표면이 얼 정도로 쉐이크하고, 칵테일 그라스에 담아 마신다.

산더 칵테일(Thunder Cocktail)

브랜디 1 / 2 온스
계란 노른자 1개
검 시럽 1대시
페퍼 약간

이상을 쉐이크하여 칵테일 그라스에 부어 마신다.

만일 취침전에 마시는 칵테일이라면 나이트캡 칵테일이 좋다. 푹 자기 위한 칵테일이다.

나이트캡 칵테일(Night Cap Cocktail)

아니젯 브랜디 1 / 4 온스
오렌지 큐라소 1 / 4 온스
계란 노른자 1개

▲골덴 캐딜락(Golden Cadillac)

갈리아노 1/3, 크림 드 카카오(白) 1/3, 생크림 1/3을 잘 섞어서 칵테일 그라스에 넣는다. 사진은 하비덕트사(社)의 제품인 크리스탈 그라스에 골덴 캐딜락을 넣은 모양을 찍은 것이다.

이상을 쉐이크하여 소형 와인 그라스에 부어 마신다.

추운 겨울날 밤 몸을 따뜻하게 하는 것도 건강을 위해서는 중요하다. 그러므로 몸을 따뜻하게 하는 여러 가지 칵테일을 소개하겠다.

핫 위스키 토디(Hot Whisky Toddy)

위스키 그라스에 각설탕을 1개 넣고 물을 소량 떨어뜨린 다음, 위스키 2 온스를 넣고 열탕을 부어 잘 저어 마신다.

핫 브랜디 토디(Hot Brandy Toddy)

브랜디 그라스에 각설탕을 1개 넣고 물을 소량 넣어 녹인 다음, 브랜디 2온스를 넣은 후 열탕을 붓고 잘 저어 마신다.

핫 진 토디(Hot Gin Toddy)
각설탕 1개 (소량의 물로 녹인다)
진 2 온스
열탕 컵 8부까지 붓는다.
이상의 것들을 잘 저어 마신다.

핫 럼 토디(Hot Rum Toddy)
컵에 각설탕을 1개 넣고 물을 소량 부은 다음 럼 2온스를 넣고
열탕을 부어 잘 저어 마신다.

핫 위스키 펀치(Hot Whisky Punch)
핫 위스키, 레몬, 설탕을 넣어 잘 저어 마신다.

핫 버터드 럼 토디(Hot Buttered Rum Toddy)
컵에 설탕과 더운물 2 / 3를 넣고 거기에 알맞게 버터와 럼 2온
스를 넣어 잘 저어 마신다.

톰 앤드 제리 칵테일(Tom and Jerry Cocktail)
게란 흰자와 노란자를 나누어 잘 저어 이를 합치고, 그라스에
넣어 층을 만든 다음 럼 1 / 2, 설탕 찻수저 2개, 브랜디 1 / 2 온스
를 순서대로 넣어 열탕을 조용히 부어 마신다.

이외에 에그 녹도 겨울의 피로 회복 음주로써 권할 수 있다.

스제를 위하여 1920년대에 그린 정물화.

(3) 봄의 피로 회복

겨울의 칵테일로써도 권할 수 있는데, 봄이라고 해도 아직 밖엔 살갗에 차가운 바람이 불고 있는 무렵에 권할 수 있는 것이 판토 마임 칵테일이다. 추운 겨울의 건강과 피로회복을 위해 소개한 칵테일은 계란 노른자를 사용하고 있는데, 봄의 피로 회복을 위해 계란 흰자를 사용한 칵테일을 소개해 보겠다.

블로섬 칵테일(Blossom Cocktail)
진 1/3 온스
오렌지 쥬스 1/3 온스
오렌지 비터스 1대쉬
크레나덴 1대시
계란 흰자 1/2 개분

이상을 쉐이크하여 칵테일 그라스에 담아 마신다.

밀리오네어 칵테일(Millionaire Cocktail)

위스키 1/4 온스
큐라소 1/4 온스
그레나덴 시럽 1대쉬
계란 흰자 1개분

이상의 재료를 쉐이크로 잘 흔들어 샴페인 그라스에 넣어 마신다. 핑크색으로 단맛이다. 부인에게 알맞는 칵테일이다.

판토마임 칵테일(Pantomime Cocktail)

프렌치 벨못트 1/2 온스
계란 흰자 1대쉬
그레나덴 1대쉬
올게이트 칵테일 1대쉬

이상을 잘 쉐이크하여 칵테일 그라스에 부어 마신다.

홧스 잇 칵테일(What's it Cocktail)

계란 흰자 1개, 럼, 포토 와인 1온스 씩. 이상을 잘 쉐이크하여 8온스 탬블러에 부어 얼음 덩어리를 넣고 탄산을 넣어 마신다.

계란 흰자는 사용하지 않으나 피로회복에 벨못트 칵테일도 유용하다. 그러므로 이 칵테일을 소개해 두기로 하겠다.

벨못트 칵테일(Vermouth Cocktail)

이탈리안 벨못트를 베이스로 하여 큐라소 2 방울, 앙고스튜라

파스티스를 베이스로 한 칵테일 3종. '모레스큐(Mauresque)', '페로
케(Perroquet)', '토마토(Tomate)'. 모두들 색채가 아름답다.

비타, 아브상을 각각 한방울씩 넣어 잘 쉐이크하여 칵테일 그라스에 넣어 마시는 것. 어니언 1개를 장식. 레몬의 껍질을 장식하여 풍미를 자아낸다. 단맛으로 피로 회복용 칵테일이다.

여름이 가까운 5월은 새로운 차(茶)의 계절이다. 녹차는 피로 회복용의 가벼운 음료이다.

본래 피로라는 현상은 에네르기원이 되는 물질이 부족하여 분해 산물(分解産物)이 쌓이고, 그 결과로써 체액의 상태가 변화되며 더 나아가서는 체내의 여러 가지 기관의 작용에 변화를 일으키게 한다.

그렇게 말하면 자칫 근육 노동에 의한 피로 만을 문제로 할 위험성이 있으나 정신 노동도 결코 무시할 수 없다.

비지니스 일은 일 그 자체에서 여러 가지 어려움이 생기고, 그

것이 근무시간 외에 사람을 잡아 안전하게 해방될 수 없는 경우가 많다.

따라서 매일 매일의 피로는 적어도 이것이 축적되어 회복이 뜻밖으로 곤란해진다. 즉 머리에 피로가 집중되는 것이다.

근육 피로와 정신 피로를 푸는 방법의 한가지에 녹차 위스키를 마시는 수단이 있다. 녹차 위스키는 뜨거운 녹차에 위스키를 넣어 마시는 방법이다. 피로 회복의 가벼운 음주로써 최적(最適)이라고 생각한다.

차에는 비타민, 카페인 등의 성분이 포함되어 있다. 상품의 차 3그램 (찻잔 약 6부에 상당하는)에는 5.5 밀리그램의 비타민 C가 포함돼 있는데, 이것은 중간 크기의 레몬 1개분의 비타민에 상당한다.

따라서 녹차 위스키는 피로회복에 효과적이다. 차 안에 있는 카페인 등 정신을 흥분시키는 각성 작용(覺醒作用)과, 근육의 작업 능력을 높이는 생리 작용(生理作用)이 있고, 위스키는 긴장감을 늦추어 주므로 쓸데없이 영양제를 먹는 것 보다도 피로회복에 효과가 있다. 단 지나치게 마시는 것은 피한다. 위장을 상하게 할 위험성이 있기 때문이다.

오늘날 '페르노'라고 불리워지고 있는 아니스 술 '페르노 피스'는 1798
년 스위스의 쿠베에 창설된 유명한 양조장에서 제조되었다. 프랑스에
서는 1805년 폰타루리에에 양조장이 세워졌다.

(4) 여름을 타지 않는다

6월이면 장마, 습기로 기분이 무거워지는 계절이다. 이런 때는 산뜻한 느낌의 계란 흰자를 사용한 칵테일을 마시는 것이 좋다. 기분도 상쾌해지고 피로회복에도 좋다. 그러므로 이 계절에 어울리는 몇가지의 칵테일을 소개해 보겠다.

버드 어브 파라다이스 피즈(Bird of Paradiae Fizz Cocktail)
진 3온스
크림 1온스
계란 흰자 1개분
라임 쥬스 $1\frac{1}{2}$개
라스베리 시럽 찻수저 3개
이상을 쉐이크하여 고브렛 그라스에 부어 소다수를 채우고 오렌지 껍질을 싸서 마신다.

에그 샤워(Egg Sour)
설탕 찻수저 1개
레몬 쥬스 2대쉬
큐라소 1온스
브랜디 1온스
계란 1개
이상을 쉐이크하여 샤워 그라스에 마신다.

밀리온 달러 칵테일(Million Dallar Cocktail)

드라이 진 $1\frac{1}{2}$온스

이탈리안 벨못트 1/2온스

계란 흰자 1개

파인 쥬스 1온스

그레나덴 찻수저 1/2개

이상을 잘 쉐이크하여 샴페인 그라스에 담아 파인애플 조각으로 장식하여 마신다.

장마가 있으면 곧 혹서(酷暑)의 계절이 된다.

잡지에 '여름을 타지 않는 예방법'이라는 제목으로 자주 각계의 명사들이 자신의 여러 가지 건강법을 말하는데, 아직 '휘즈의 효과' 또는 '휘즈 피로회복법'은 보지 못했다.

▲키르(Kir)

브랜디 그라스까지는 서어 그라스로 크림 드 캐시스를 10~15㎖ 넣
는다. 차게 한 드라이 와인 화이트(白)로 적당한 양을 만든다. 사진은
돈사(社) 제품인 칵테일 그라스에 키르를 담은 것이다.

건강을 위한 휘즈, 피로회복을 위한 휘즈라고 하면 골든 휘즈를 맨먼저 들 수 있을 것이다.

골든 휘즈(Golden Fizz)

레몬 쥬스 1 / 2 온스
설탕 찻수저 1 / 2 개
진 $1\frac{1}{2}$ 온스
계란 노른자 1개

이상을 잘 쉐이크하여 8온스 탬블러에 넣고 소다수를 부어 마신다.

골든 휘즈와 나란히 하는 휘즈는 로얄 휘즈이다. 이것은 골든 휘즈와 만드는 방법은 같지만, 골든 휘즈가 계란 노른자 만을 사용한 것에 비해 로얄 휘즈는 계란의 흰자 만을 사용하여 만든다.

로얄 휘즈(Royal Fizz)

드라이 진　$1\frac{1}{2}$ 온스

레몬 쥬스 1 / 2개

설탕 찻수저 1개

계란 1개

이상을 잘 쉐이크하여 8온스 탬블러에 넣고 소다수를 넣어 마신다.

　골든 휘즈이든 로얄 휘즈이는 휘즈라고 이름이 붙은 것은 모두 만들어 금방 마시는 것이 옥소독스. 휘즈에 시간이 오래 걸리는 것은 휘즈의 휘즈다운 특질과 청쾌미를 잃어버려 문자 그대로 맛도 아무것도 없는 것이 되어 버린다.

　이 밖에 피로 회복을 위한 휘즈로써 애플 블로우 휘즈, 루비 휘즈가 있다.

애플 블로우 휘즈(Apple Blow Fizz)

계란 흰자 1개

레몬 쥬스 4대쉬

설탕 찻수저 1개

애플 브랜디　$1\frac{1}{2}$ 온스

이상을 쉐이크하여 8온스 탬블러에 넣어 소다수를 채워 마신다.

루비 휘즈(Ruby Fizz)

레몬 쥬스 1 / 2 개분

설탕 찻수저 1 / 2개

계란 흰자 1개

그레나덴 2 대쉬

슬로우 진 1온스

이상을 쉐이크하여 8온스 탬블러에 붓고 소다수를 채워 마신다.

(5) 맑은 가을에 쾌조(快調)

가을의 하늘은 변하기 쉽다. 고기압과 저기압이 교차하여 날씨가 바뀌는데, 이렇게 날씨가 심하게 변하는 가을에는 건강에 주의해야 한다.

일의 능률이 오르는 것은 이 맑은 가을이다. 그러나 이런 때야말로 건강에 배려를 하는 것이 중요하다. 피로를 다음 날까지 남기는 것은 몸을 해치는 것이다.

강장 피로회복에는 와인 슬로우진, 체리 브랜디, 안고스튜러 비타, 셰리, 베네딕틴 등이 좋다. 이 밖에 다음 칵테일도 권할 수 있다.

로얄 칵테일(Royal Cocktail)
드라이 진 $1\frac{1}{2}$ 온스
계란 1개
레몬 쥬스 찻수저 1개
설탕 1개
이상을 쉐이크하여 샴페인 그라스에 부어 마신다.

셉템버 모닝 칵테일(September Morning Cocktail)
바카디 럼 1/2 온스
계란 흰자 1개
그레나덴 찻수저 1개
레몬 쥬스 찻수저 1개
'9월의 아침'이라는 제목의 칵테일로 이상을 쉐이크하여 칵테일

▲포토 플립(Porto Flip)
　　빨간 포토 45㎖, 브랜디 15㎖, 슈가시럽 1티스푼, 계란 노른자 1개분
을 잘 섞어서 서어 그라스에 넣으면 된다. 이 사진은 상 루이사(社)
제품인 크리스탈 그라스에 포토 플립을 담은 모양을 찍은 것이다.

그라스로 마신다.

카페 드 파리 칵테일(Cafe de Paris Cocktail)
드라이 진 2 온스
계란 흰자 1 개
아니젯트 3대쉬
후렛쉬 크림 찻수저 1개
이상을 쉐이크하여 4 온스 칵테일 그라스에 담아 마신다.

어디에서 누가 이런 이름을 지었는지 모르지만 '미망인의 꿈'이
라는 베네딕틴으로 만드는 칵테일이 있다.
본래 베네딕틴이라는 술은 북프랑스의 노르망디 해변에서 태어

난 술이다. 상세하게 말하자면 페칸이라는 마을의 베네딕트파(派)
사원의 경내에서 제조했다는 술이다.

사원의 경내에서 술이 만들어졌다 라는 것은 승(僧)과 술이라
는 조합으로 도덕있고 견고한 신사에게는 웬지 이상한 느낌을 줄
런지 모르지만, 실은 그 무렵 프랑스의 사원에서는 술(이라고 해
도 주로 리큘이었는데) 이 가끔 양조되었던 것이다.

'미망인의 꿈'이라는 칵테일의 이름의 지은 유래로는 이 베네딕
틴 주의의 복잡한 사정과 이력을 말하지 않을 수 없다.

사원에 돈 베르난도 바세리라는 이름의 승이 있었다. 전도(傳
道)쪽에는 상당한 재능이 있었는지 모르지만, 이 승은 화학을 많
이 터득하고 있었고 술을 만드는 데에는 천재였다.

16세기 초기 이 사원은 병원을 겸하고 있었다. 즉 페칸 마을의
사람들이나 마을 가까이 있는 사람들이 몸이 아파 견딜 수가 없

비숍의 베이스로 된 포토 루쥬. 포토 킨터를 위하여 쟌 디런이 만든
포스터. 파리 포르네이도서관 소장.

을 때는 이 사원을 찾았다.

돈 베르난도 바세리가 만든 술은 병을 낫게 하는 이상한 영주(靈酒)라는 소문이 퍼진 것도 이상한 일은 아니다. 실은 돈 베르난도 바세리는 은밀하게 피로 회복과 정력 증강의 약초를 10종류나 넣어 술을 만들고 있었던 것이다.

프랑스 대혁명 때 1862년 관재인의 자손 알렉산드르 르 그랭이 기록을 정리하여 영주를 부활시키는 데 성공했다. 그러나 이 무렵부터 베네딕틴은 규방의 술로써, 즉 묘약으로써 약효가 있다는 평판을 얻었다.

일의 진위는 어떻든 약초 수십종을 가지고 만든 리큘이므로 아무튼 힘이 생기는 것은 분명했다. 게다가 여성의 입맛에 맞는 달콤하고 향기가 좋은 리큘이므로 평판이 좋았던 것도 이상할 것은 없는 것 같다.

위도우스 드림 칵테일(Widow's Dream Cocktail)

'미망인의 꿈'이라는 이 칵테일은 앞서 서술한 베네딕틴과 계란과 우유를 응용하여 쉐이커에 넣고 잘 쉐이크한 후 샴페인 그라스에 넣어 마시는 칵테일이다.

또 한가지 '꿈'이라는 이름이 붙는 칵테일이 있다. 이것도 덧붙여서 소개하겠다. 러버스 드림 칵테일(Lover's Dream Cocktail) '애인의 꿈'이라는 이름의 칵테일이다.

이 칵테일은 본래 그라스고 프림이라고 이름지어져 있었다. 그러나 현재는 누구나 이 이름으로 부르지는 않는다. 애인의 꿈(러버스 드림)이라고 부르는 것이다. 러버스 드림은 일찌기는 닉네임이었는데…….

애인의 꿈이 어떤 꿈이었는지는 모르지만 분명 이 칵테일을 마시고 애인의 꿈을 꾼 남성이 이런 이름을 붙였을 것이라고 생각한다. 미국판 칵테일 책에는 러버스 드림이 실려 있다.

러버스 드림 칵테일(Lover's Dream Cocktail)

재료는 설탕을 찻수저 2개, 레몬 쥬스를 2분의 1 온스, 계란 1개이다. 진저 엘을 만드는 방법은 진저 엘을 따르고 이들 재료를 쉐이크하여 탬블러에 넣어 마신다.

특별히 어려운 방법은 아니다. 산뜻한 스타일을 마시고 싶을 때는 쉐이킹이 끝나면 탬블러에 부어 여기에 진저엘을 채우고 스푼으로 가볍게 저어 레몬 조각을 넣어 마신다.

이상 365일을 4계절로 나누어 피로 회복을 위한 양주나 칵테일을 여러 가지로 소개해왔는데 이들은 어디까지나 힌트이다. 봄에 권한 양주를 가을에 마셔도 좋다. 마찬가지로 여름에 권한 칵테일을 겨울에 마셔도 때로는 잘 맞는다.

훗트 드링크의 애호가 사이에서 상당히 호평받고 있는 '아이릿슈 커피' 그라스와 부속품은 부띠끄 다노워 제품.

5.버스데이 칵테일

(1) 네로 시대

네로 라는 이름을 들으면 누구나가 폭군 네로 라는 이름을 떠올릴 것이다. 로마 제 5대 제왕으로서 보다도 그 잔인한 성질로 악명이 높다.

그리스도 교도를 잔인하게 학살하고 수도 로마에 불을 지르고서 기쁘게 바라보는 그 악마적인 행동과 함께 네로의 이름이 일컬어진다.

그러나 양주를 말할 때 네로의 이름은 한가지 에피소드로도 떠올려진다. 이 폭군은 당시에는 있을수 없는 일을 해냈던 것이다. 그 일이란 무엇일까.

본래 양주 종류는 차갑게 해서 마시는 술이 많다. 물론 브랜디와 같이 손바닥으로 따뜻하게 하여 마시는 술도 있지만 샴페인과 같이 얼음으로 차갑게 하여 마실 때 그 풍미를 잘 느낄 수 있는 것도 있다.

냉장고의 발달 덕택으로 오늘날에는 얼음을 용이하게 만들 수가 있으므로 현대에 사는 우리들은 술을 쉽게 저온으로 차갑게 만들 수 있다. 따라서 샴페인이든 무엇이든 원하는 온도로 차갑게 해서 마실 수 있다.

그런데 네로는 당시 술을 원하는 온도로 '차갑게 마시는' 대연회를 열었던 것이다. 게다가 그것은 한여름이었다고 한다. 로마의 여름은 덥다.

저녁에 해가 져도 차게 한 술이 없는 파티는 생각만 해도 소름이 끼친다. 그러나 당시의 로마인들은 여름에 얼음으로 식힌 술을 마신다는 것은 꿈에도 생각지 못했다. 비록 제왕이 여는 파티에 초대되는 고위 고관들이라도…….

그러나 네로는 당시로서는 처음으로 여름 파티에 차게 한 술을 내놓았던 것이다. 초대된 사람들이 그 기발한 아이디어에 놀랐음은 말할 것도 없다.

저온으로 식힌 술의 풍미에 새삼스럽게 술맛의 훌륭함을 알았다. 대주연회가 보통 때와는 달리 대성황이었을 것임을 쉽게 알 수 있을 것이다.

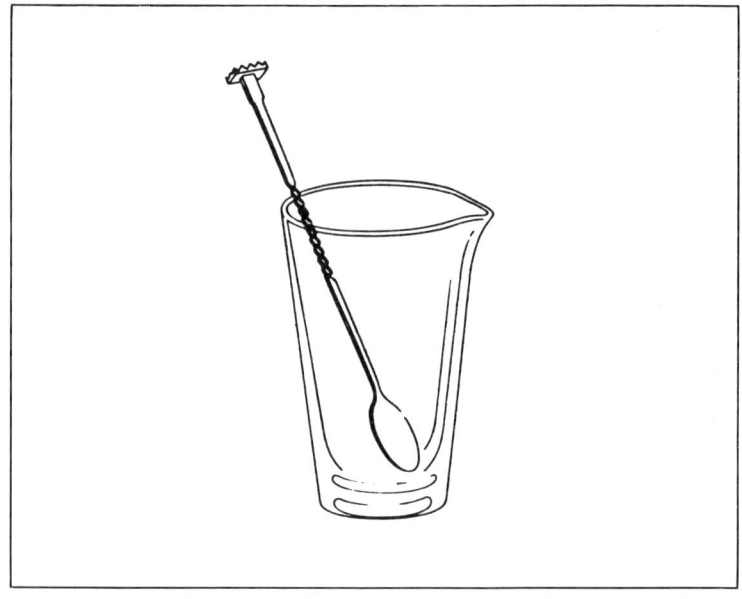

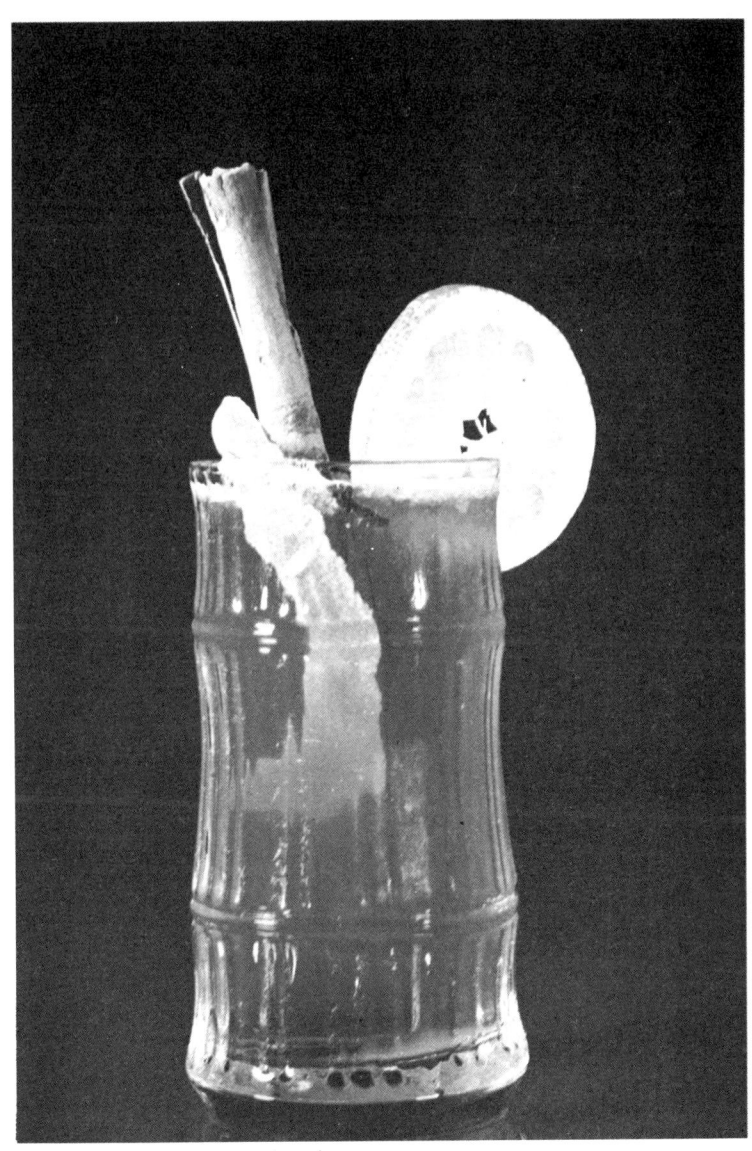

홋트 드링크 중에서 가장 널리 마셔지고 있는 '그록(Grog)'.

네로는 이 대연회를 위해 은밀하게 만년설(万年雪)을 모으게 했다고 한다. 어디에서 어떻게 해서 손에 넣었는지 그것은 알 수 없지만 폭군의 위력을 가지고 무리를 해서 했을 것이다.

당시의 그가 아니었더라면 기원전 10년 그 시대에 대연회의 술을 눈으로 차게한다는 것은 있을 수 없는 일이라고 해도 과언은 아니다.

대연회의 술을 눈 또는 얼음으로 차게 하기 시작한 것은 네로이며, 그 뒤 한동안은 그와 같은 일은 없었다.

냉장고가 보급되어 오늘날에는 얼음을 만드는 것이 쉬워 찬 술을 마시는 파티를 여는 것이 쉽게 되었다. 네로 시대에는 생각도 하지 못했던 일이다.

손님이나 친한 친구와 가볍게 여는 파티도 많아졌다. 그리고 가족을 중심으로 한 생일파티를 즐기는 습관도 생활 속에 정착되어 있다.

생일 파티(버스데이 파티)는 어린이 중심이라면 쉽지만, 어른들이 즐기는 파티도 생각해 보자. 생일 케익 뿐만이 아니고 버스데이 칵테일이 있으면 어른을 위한 생일 파티도 분위기가 오른다.

네로 시대라면 일반인은 결코 즐길 수가 없었던 차가운 술, 그리고 칵테일들을 즐길 수 있는 오늘이다. 버스데이 칵테일로 삶에 액센트를 주어 보는 것도 재미있지 않을까.

그럼 그 버스데이 칵테일이란 도대체 어떤 것일까.

1월에서 12월까지 각 달을 상징하는 보석을 찾아보고 버스데이 칵테일에 대해 서술하겠다.

(2) 눈(雪)의 계절

겨울은 눈의 계절이다. 흰눈, 차가운 눈, 녹는 눈……. 겨울은
그야말로 눈의 계절이다.

시몬 눈은 네 발처럼 희다
시몬 눈은 네 무릎처럼 희다.

시몬 네 손은 눈처럼 차갑다
시몬 네 마음은 눈처럼 차갑다.

눈을 녹이는 데는 불의 키스
네 마음을 녹이는 데는 이별의 키스.

눈은 쓸쓸하게 소나무 가지 위
네 이마는 쓸쓸하게 검은 머리 그늘.

시몬 네 동생 눈은 정원에 자고 있다
시몬 너는 나의 눈 그리고 나의 애인.

레미 드 그루몽〈눈〉

▲토마토 큐컴버 쿨러(Tomato Cucumber Cooler)

토마토 쥬스 150㎖, 껍질을 벗긴 오이 3 g, 레몬 쥬스 2대시, 우스타 소스 2대시, 소금 한 웅큼, 블랙 펫퍼 소량을 크랏슈드 아이스와 함께 믹서하여 소금으로 스노우스타일로 만든다. 오이를 잘라 장식하고, 스트로 2개를 넣는다.

눈의 계절인 1월과 2월. 탄생석과 탄생석 칵테일 색은 어떤 색일까.

1월
상징 : 정조와 우정

탄생석 : 카아넷. 우리 나라 이름으로 석류석. 합성 보석 : 알렉산더라이트

칵테일 이름(색) : 슬로우진 샤워(다홍 ; Sloe Gin Sour)

암홍색의 카아넷에 어울리는 슬로우진 샤워이다. 슬로우진은 야생(野生) 청매실과 비슷한 작은 과실이다. 샤워는 본래는 버본 위스키를 베이스로 하여 그것에 레몬 즙에 의한 신맛과 시럽 또는 설탕에 의한 감미를 더해 만든 믹스 드링크이다. 샤워 그라스로 마신다.

이 버본 위스키 대신 슬로우진을 베이스로 한 것이 슬로우진 샤워이다. 그리고 샤워를 만들 때 현재는 베이스에 어떤 증류주를 사용해도 좋다고 되어 있다.

2월
상징 : 성실과 평화

탄생석 : 아메지스트. 우리나라 이름은 자수정. 합성보석 : 바이오렛 사파이어

칵테일 이름(색) : 스카이랜드 휘즈(보라 ; Skyland Fizz)

아메지스트의 보라색에 맞는 스카이랜드 휘즈인데, 우리나라에서는 그다지 대중적인 것은 아니다. 그러므로 일반적으로 리큐의 바이오렛을 사용하여 자색 칵테일을 만들어 마시는 경우도 많다.

(3) 꽃의 계절

봄은 꽃의 계절인데 화재(火災)의 계절이기도 하다. 만일 화재를 한송이 장미라고 비유한다면 그것은 저주의 장미이다. 그러나 시인은 화재를 공작꼬리 위에 핀 장미라고 본다.

화재는
편 공작 꼬리 위에 피어 있는
한송이의 장미다.

믹스 쟈콥〈화재〉

봄의 계절이므로 모두 꽃으로 보이지 않을까.

3월

상징 : 용감과 총명

탄생석 : 브레드 스톤 악쿠아마린. 우리 나라 이름은 산호. 합성
보석 : 블루스피넬 아쿠아 마린

칵테일 이름(색) : 체리 브랜디 칵테일(체리 핑크 ; Cherry Bran-
dy Cocktail)

브레드 스톤의 붉은 색에 연관된다. 체리 브랜디 칵테일. 영국
의 옛지방에서는 체리 열매를 통의 반 정도까지 넣고 57.1도의 술
을 채워 그대로 18일이나 20일 동안 놓아 두어 체리의 향미를 술
에 배게 하여 체리 브랜디를 만든다고 한다. 그러나 현재는 버지
와 브랜디로 만든다. 체리 브랜디 칵테일은 체리 브랜디(1 온스),
화이트 큐라소(찻수저 1개), 앙고스 튤러비터(1 대쉬)를 쉐이킹

홍차와 럼은 코안트로이와 만나면 서로 잘 조화된다. 이 사진은 '상세트티'를 담은 칵테일 그라스이다.

그라스에 넣어 쉐이킹하고 칵테일 그라스로 마신다.

4월

상징 : 청정과 고귀

탄생석 : 다이아몬드. 우리나라의 이름은 금강석. 합성 보석 :
화이트질콘

칵테일이름(색) : 크림 드 민트 화이트 프레페(투명한 청색이
도는 색 ; Cream de Mint White Frappé)

다이아몬드의 투명함에 연관되는 것. 프레페는 '잘게 자른 얼음
을 그라스에 채우고 그 위에 좋아하는 리큘을 부어 스트로로 마
시는 칵테일의 총칭'이다.

따라서 크림 드 민트 화이트 프레페는 '칵테일 그라스에 잘게
자른 얼음을 채우고 그 위에 화이트 페퍼민트를 부은 칵테일이다.

보통 화이트 페퍼민트 브레페라고도 한다.

5월

상징 : 행복과 은혜

탄생석 : 에메랄드. 합성 보석 : 에메라진

칵테일 이름(색) : 크림 드 민트 그린 프레페(선명한 녹색 ; Cream de Mint Green Frappé)

선록색의 칵테일이다. 크림 드 민트는 페퍼민트이고, 그린이라고 하면 녹색의 페퍼민트이다. 페퍼민트는 리큘의 일종으로 향료를 가미한 알콜에 달구어 침출액에 착색제를 넣은 것으로, 보통 녹색으로 착색한 것을 가리킨다. 알콜분은 25도에서 35도. 식후주로써 마신다.

이 그린 페퍼민트를 프레페로 만드는 것이 크림 드 민트 그린 프레페이다. 일반적으로는 민트 프레페라고 부르고 있다.

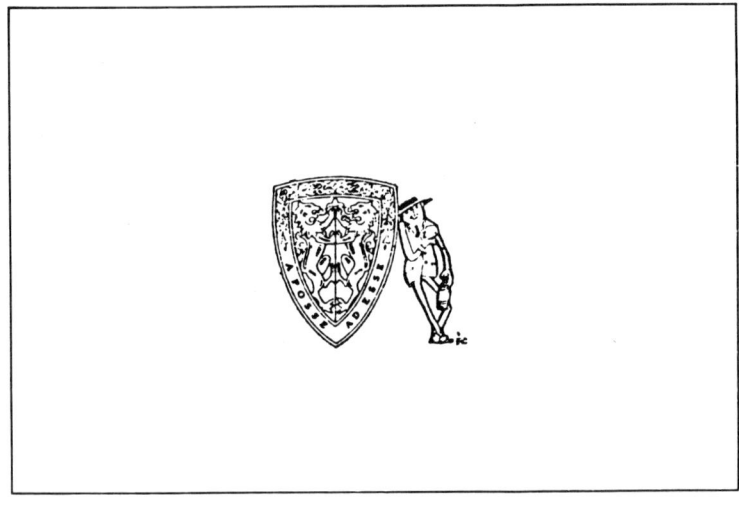

(4) 태양의 계절

5월의 상쾌한 바람의 계절이 지나면 조용하게 비가 내리는 계절이 된다. 비의 방문은 드디어 장마를 부르고 풀이나 나무, 길, 지붕은 비에 젖어버린다.

태양의 계절을 앞두고 여름은 촉촉하게 시작되는 것…….

남쪽 바람에 부드러운 여신이 찾아왔다.
동청(銅靑)을 적시고 분수를 적시고
제비의 배털을 적셨다.
호수를 감싼 모래를 핥고 물고기를 마셨다.
사원, 목욕탕, 극장을 적시고 이 백금(白金)의 현금(絃琴)의 갈라짐. 여신의 혀는 살짝
내 혀를 적신다.

〈부드러운 여신〉

6월
상징 : 건강과 부
탄생석 : 펄. 우리 나라 이름은 진주.
합성 보석 : 인공펄
칵테일 이름(색) : 보드카 마티니 칵테일(호박색 ; Vodka Martni
Cocktail)
마티니의 시럽은 산뜻한 호박색의 칵테일이다.
여기에는 도라이(신맛), 미듐(중), 스위트(단맛) 3가지 종류가
있다.

이 진 대신 워카를 사용한 칵테일이 6월의 칵테일 실버 화이트의 보드카 마티니이다.

7월

상징 : 정열과 순수

탄생석 : 루비. 합성 보석 : 합성 루비.

칵테일 이름(색) : 슬로우 진 휘즈(루비 색 ; Sloe Gin Fizz)

루비의 홍옥색에 연관되는 슬로우진 휘즈이다. 휘즈는 소다수 등의 탄산 가스가 물에서 분리될 때 내는 소리에서 딴 이름이라고 한다. 보통 진을 베이스로 하여 설탕이나 레몬 등으로 풍미를 내고 소다수를 섞어 만든다.

진 대신 슬로우진을 사용하여 슬로우진(1온스), 그라나덴 시럽

(2대쉬), 레몬 즙(반개 분), 계란 흰자 1개분을 쉐이크하고 8온스 템블러에 부어 소다수를 채워 마신다. 그레나덴 시럽 대신 라즈베리 시럽을 사용해도 좋다.

8월

상징 : 사랑과 화합

탄생석 : 문스톤. 우리 나라 이름은 월장석. 합성 보석 : 에리나이트

칵테일 이름(색) : 사이드카 칵테일(투명한 엷은 호박색 ; Sidecar Cocktail)

이 칵테일에 대해서는 칵테일 베스트 텐에서 서술했으므로 생략한다.

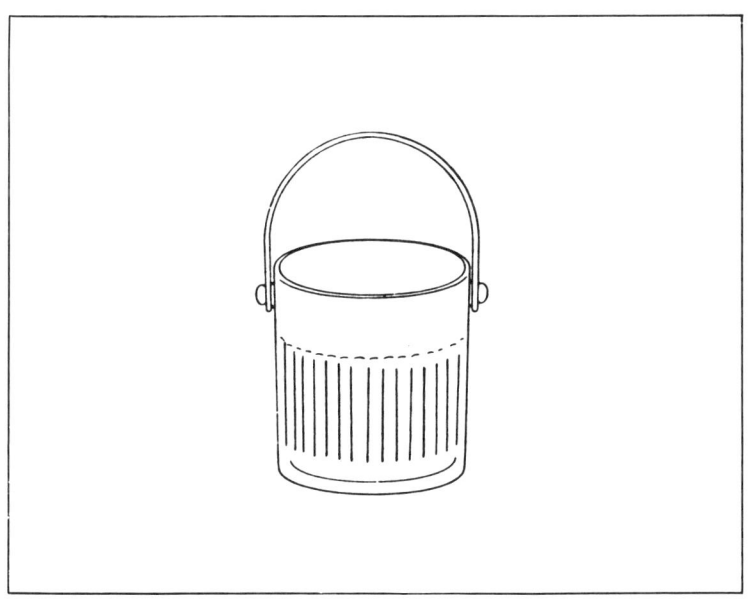

(5) 달의 계절

태풍이 지나가면 피어 있던 큰 송이의 백합꽃이 떨어진다. 밤이 되면 태풍이 있었던 것이 거짓말처럼 귀뚜라미가 울기 시작한다. 가을은 이렇게 온다.

정면으로 본다.
흰 부용(芙蓉)

은은하게 들리는
바다의 울림.

가을은 시원한 산수에
잠긴다. 때로는 내품에.

흰 아침
흰 부용
오늘 아침도 몸에 스민다.
물안개.

〈초가을의 아침〉

가을의 하늘은 잘 변한다. 여자의 마음과 가을 하늘인가. 남자의 마음과 가을 하늘인가. 아무튼 잘 변하는 가을 하늘이다. 그 하늘에 흰 달이 반짝인다.

▲스팅거(Stinger)

브랜디 3 / 4, 크림 만트(白) 1 / 4를 잘 섞어서 칵테일 그라스에 넣는다. 레몬 쥬스 1대시를 첨가해도 좋다. 사진은 부띠끄 다노워사(社) 제품인 크리스탈 그라스에 스팅거를 담은 모양.

9월

상징 : 덕망과 자애.

탄생석 : 사파이어. 우리 나라 이름은 강보. 합성 보석 : 사파이어

칵테일 이름(색) : 블루 문 칵테일(푸른 달 ; Blue Moon Cocktail)

9월의 탄생석은 푸르게 빛나는 사파이어인데, 이 사파이어의 빛남에 어울리는 칵테일이 9월의 버스데이 칵테일. 드라이 진 4분의3 (온스).

크림 드 이베트 4분의 1 (온스)에 자른 얼음을 넣어 쉐이크하여 만든다.

10월

상징 : 인내와 극기.

탄생석 : 오팔. 합성 보석 : 로질콘 핑크 사파이어.

칵테일명(색) : 실버 휘즈(우유색 ; Silver Fizz)

오팔의 우유색에 연관되는 것. 진(1 온스 반), 레몬즙(반개분) 설탕(찻수저 반), 계란 흰자(반개)를 쉐이크하여 8온스 탬블러에 넣어 소다수를 채워 마신다.

11월

상징 : 우정과 화락.

탄생석 : 토파즈

칵테일 이름(색) : 스팅거 칵테일(짙은 호박색 ; Stinger Cocktail) 호피즈의 노란색에 연관되는 것.

브랜디(4분의 3온스) 화이트 민트-화이트 페파민트-(4분의 1

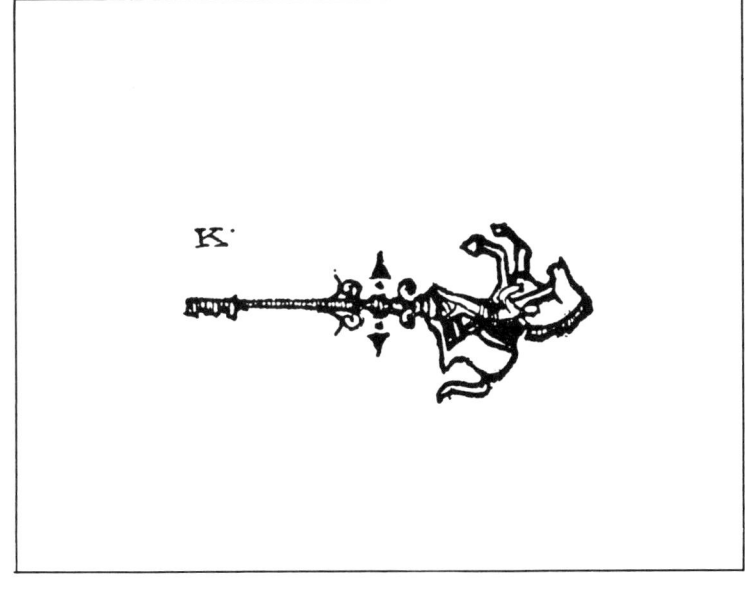

▲칼버드스 칵테일(Calvados Cocktail)

　칼버드스 30㎖, 코안트로이 15㎖, 앙고스트라 비터스 15㎖, 오렌지 쥬스 30㎖를 잘 섞어서 크랏슈드 아이스가 든 8온스의 탬블러에 넣는다. 오렌지 1개를 잘라서 장식하고, 스트로 2개를 꽂는다. 사진은 아루크사(社) 제품인 크리스탈 그라스에 칼버드스 칵테일을 담은 모양을 찍은 것이다.

온스)를 쉐이크하여 칵테일 그라스에 넣어 마신다.

스팅거 라는 이름은 '찌르는 동물'을 가르키는데 혀를 찌르는 듯한 맛에서 유래된 이름이다.

12월

상징 : 성공과 불굴

탄생석 : 타코이즈. 우리 나라 이름은 터어키석. 합성 보석 : 질콘

칵테일 이름(색) : 크림 드 민트 하이볼(청색이 도는 투명색 ; Cream de Mint Highball)

터어키석의 청색을 띠는 녹색의 아름다운 하이볼이다. 크림 드 민트는 페퍼민트이므로 이것을 사용하여 하이볼을 만들면 된다. 맛이 산뜻하고 크리스마스 트리에도 잘 어울린다.

다시 겨울이 왔다. 태양빛이 낮은 구름 사이에서 새는 12월이다.

두손 모아 햇빛을 구하는 마음
구하고 구한다 햇빛
빛이 새는 소리도 없고

〈일광〉

바쁜 한해가 지는 무렵 그러나 징글벨 소리가 조용히 들린다….

(6) 선택의 다양성

버스데이 파티 외에 여러 가지 프라이비스 파티를 열어 보는 것도 재미 있다. 양주를 중심으로 친구나 아는 사람을 초대하여 여는 홀 파티는 부드럽고 가벼워 친숙하게 만들도록 한다.

뭐니뭐니 해도 술과 어둠과 물만은 듬뿍 준비해 둔다. 부인을 위해 소프트 드링크도 준비한다. 안주는 시판되고 있는 것으로도 됨으로 느낌이 좋은 것을 준비한다.

준비된 양주 중에서 자신의 기호에 맞는 것을 적당히 선택하여 준비되어 있는 음식을 원하는 만큼 접시에 나누어 담아 개방적인 분위기 속에서 말을 하기도 하고 농담을 하기도 하며 즐긴다.

프라이버티한 파티 중에는 여러 가지가 있다. 예를 들면 가지고

가는 파티이다. 자신이 마시는 와인이나 위스키, 사둔 통조림 등 무엇이든 상관없이 자신이 가지고 있는 음식을 가지고 가서 파티를 연다.

카바드 드 쉬 파티는 각자가 준배해 온 요리를 가지고 가서 벌리는 파티이다. 이것은 가정을 가진 사람들끼리 여는 파티이다.

그러나 독신 남성이라도 이런 종류의 파티를 여는 경우가 있다. 이런 때 맛있는 것을 만들 수 있는 남성은 값이 약간 나가는 통조림, 병조림을 가지고 가서 연다. 또는 이런 종류로 가족끼리 파티를 여는 경우도 있다.

스파게티 파티는 문자 그대로 스파게티를 산더미처럼 만들어 놓고 이것을 강한 술과 함께 즐기는 파티로 학생들이 경제적으로 파티를 열 때 즐겨하는 파티이다.

이 파티에서 술이 없어졌을 때는 가지고 있는 돈을 내어 와인이나 위스키를 사러 누군가가 달려가는 경우가 있다. 모자가 돌려지면 술을 살 기금을 모으는구나 라고 판단할 필요가 있다.

이런 파티에는 여성은 일체 들여놓지 않는 경우와, 애인을 데리고 가는 파티가 있다. 또 여대생들이 남성들을 사귀기 위해 남성을 초대하는 파티도 있다

브라인드 파티는 마구 전화를 걸어 가능한 많은 여성을 불러들이는, 독신 남성들이 여는 파티이다. 그다지 기품있는 파티는 아니지만 모험을 즐기는 젊은이들에게는 인기 있는 파티이다.

이와 같은 파티에는 편한 복장을 하고 나가는 것이 보통이다. 그러므로 독신 남성들은 편한 복장으로 회사에 출근하여 거기에서 비지니스 웨어를 갈아입도록 한다. 말할 것도 없이 옷장에 와이셔츠와 양복을 준비해 두는 것이다.

커스텀 메이드 양복은 포멀한 파티에 입는다. 그것을 입고 가면

▲문라이트 쿨러(Moonlight Cooler)

칼버드스 40㎖, 후렛슈 레몬 쥬스 20㎖, 파우다 슈가 1 / 2티스푼을 잘 섞어서 콜린즈 그라스에 넣는다. 큐브 아이스 한두 개를 더해 탄산으로 적당한 양을 나눈다. 얇게 자른 신선한 과일을 장식하여 맛을 더욱 새롭게 한다. 사진은 라릭사(社) 제품인 크리스탈 그라스에 문라이트 쿨러를 넣은 모양.

어울리는 파티를 위해 만들어 두고, 비지니스 웨어는 기성복으로
라는 것이 미국 독신 남성들의 평균적인 사고방식이다.

이렇게 해서 미국 독신 남성들은 TPO 를 겸해 하루에 몇번이
나 다른 양복을 입는다. '일은 어디까지나 엄격하게, 노는 것은 한
없이 즐겁게.', '일하는 시간은 비지니스맨답게. 그 밖의 시간에는
가능한 자신을 위해.'라는 그들의 사고 방식이 양복을 입는 방법
에도 나타나고 있는 것이다.

그런데 이와 같은 프라이비스 파티를 열 때는 비록 그 때만이
라도 홈 바아가 있어야 한다. 그런 홈 바아에 대한 아이디어는 없
을까.

여기에 소개한 홈 바아는 상당히 좋은 아이디어로 일요일에 약
간의 수고를 들여 만들 수 있는 것이다.

칵테일 웨곤

수입 양주 상자를 이용하여 만든 웨곤 세트이다.
상자의 네 모서리에 바퀴를 단다. 상자 안은 양주병을 넣는 부
분과 그라스나 기구를 넣는 부분으로 나누고, 기구를 넣는 부분의
선반은 손잡이를 붙여 들어올릴 수 있도록 한다.

칵테일 바스켓

잡화점에서 사온 나무통의 바깥쪽에 컵걸이를 서너개 붙여 탬
블러 걸이를 한다. 나무통 하부에 판을 넣어 테이블을 대신한다.
바깥쪽에 그림을 그리기도 하고 잡지 조각을 붙이기도 하여 재미
있는 무드를 낸다.

칵테일 보드

행거 보드를 방 크기에 따라 사온다. 작은 것으로 색을 맞추어
분위기를 만들어 준다. 바깥쪽에 틀을 만들던가 옆판을 선반으로
이용하여 병 등을 늘어 놓고 행거 보드에는 병따개, 스쿠이져 등
을 건다

칵테일 락

폭이 넓은 매거진락을 이용한다
병과 기구, 그라스는 별도로 하는 편이 좋을 것이다. 측면에 홈

▲프리즌 민트 다이큐리(Frozen Mint Daiguiri)

　화이트 럼 30㎖, 크림 드 먼트(白) 15㎖, 후렛슈 라임 쥬스 15㎖를 크랏슈드 아이스와 함께 믹서하여 샴페인 그라스에 넣는다. 신선한 민트의 줄기를 장식하면 좋다.

바아 답게 색을 갖추도록 한다.

팬 터치 코너

삽입(挿入) 등으로 이용할 수 있는 칵테일 코너이다. 문을 열면 부채 모양의 테이블이 만들어지는 것이다. 문 안에 기구와 그라스의 선반을 부착하고 병따개 등을 걸도록 행거 보드를 사용한다. 열 때 테이블이 부채 모양이므로 이런 이름을 붙였다.

그럼 홈 바아에 준비할 양주는 어느 것으로 할까. 다양한 양주 중에서 무엇을 선택할 것인가.

수입 양주 중에도 국산 양주의 가격으로 살 수 있는 것이 있으므로 그와 같은 양주를 갖추도록 권유하고 싶다.

그러나 양주는 사서 손에 넣을 수 있고 마시면 없어져 버리지만 그라스는 언제라도 홈 바아에 남는다. 양주 그라스에 신경을 쓴다면 당신의 센스는 뛰어나다. 그럼 양주 그라스에 어떤 신경을 쓰면 좋은 것인가.

양주 그라스를 소재의 면에서 보면,

(1) 크리스탈 그라스 (2) 세미 크리스탈 그라스 (3) 소다 그라스의 셋으로 대별된다.

그럼 이들 세 가지 소재를 어떻게 구분할 것인가. 또 다양한 양주 그라스 중에서 무엇을 선택할 것인가.

보기에는 같아 보여도 분명히 품질에 차이가 있으므로 양주 그라스를 살 때는 다음 다섯가지 점에 주의하기로 하자.

(1) 살 때는 반드시 신용 있는 가게를 선택할 것.

(2) 손으로 들어 보고 가벼운가 무거운가를 비교할 것 (가벼운 것은 소다 그라스이다).

(3) 두드려 보고 금속성 소리가 나는가 어떤가를 확인할 것(크리스탈인 경우는 금속성 소리가 난다)

(4) 깊이 있는 광택. 컷트 된 면이 아름답게 빛나는 것을 선택할 것(무늬의 컷트가 간단한 것은 기계적으로 컷트한 것이지만 고급품은 모두 손으로 만들어 강한 광택을 내는 특징이 있다).

(5) 그라스를 앉혀 두고 안정성이 있는 것을 선택할 것(바닥의 두께가 평균적이지 않을 때가 있다. 안정성이 좋은 것을 선택한다)

취급 때 주의해야 할 점은 다음 다섯가지이다.

(1) 사용한 뒤, 수세미 같은 것으로 닦는 것은 상처가 나므로 금물이다.

(2) 씻은 뒤에는 미지근한 물 또는 물로 헹굴 것(잘 헹구지 않으면 뿌옇게 되어 나중에 잘 지지 않는다)

(3) 완전하게 물기를 말릴 것. 청결한 장소에 엎어놓고 마르면 마와 목면 수건으로 가볍게 닦을 것

(4) 닦을 때는 가능한 유리에 손을 대지 말 것(닦는 수건은 깨끗한 것으로 하는 것이 좋다).

(5) 보존할 때는 반드시 한개 한개 나중에 꺼내기 좋은 위치에 엎어놓을 것(유리는 종 방향으로는 강하지만 횡 방향으로는 약하므로 꺼낼 때 유리를 다치지 않도록 하기 위해서). 이렇게 정중하게 다룬 크리스탈 그라스에는 손질을 할 때 애착이 간다. 친구가 꼬득여도 '빨리 돌아가서 그 그라스로 마셔야지'라는 생각을 하게 된다. 그러므로 그라스는 조금 부담스럽더라도 좋은 것을 선택하기를 권유하고 싶다. ✱

```
판 권
본 사
소 유
```

칵 테 일

2012년 5월 25일 인쇄
2012년 5월 30일 발행

지은이/ 편 집 부 편
펴낸이/ 최 상 일
펴낸곳/ 태 을 출 판 사

서울특별시 중구 신당6동 52-107(동아빌딩내)
등록/1973년 1월 10일(제4-10호)

＊잘못된 책은 구입하신 곳에서 교환해 드립니다.

▪주문 및 연락처

우편번호 １００-４５６
서울특별시 중구 신당6동 52-107 (동아빌딩 내)
전화 / 2237-5577 팩스 / 2233-6166
ISBN 89-493-0404-X   03480

"태을출판가 엄선한 현대 가정의학 시리즈"

❋ 현대 가정의학 시리즈 ①
눈의 피로, 시력감퇴 치료법

❋ 현대 가정의학 시리즈 ②
명쾌한 두통 치료법

❋ 현대 가정의학 시리즈 ③
위약, 설사병 치료법

❋ 현대 가정의학 시리즈 ④
스트레스, 정신피로 치료법

❋ 현대가정의학 시리즈 ⑤
정확한 탈모 방지법

❋ 현대 가정의학 시리즈 ⑥
피로, 정력감퇴 치료법

❋ 현대 가정의학 시리즈 ⑦
완전한 요통 치료법

❋ 현대 가정의학 시리즈 ⑧
철저한 변비 치료법

❋ 현대 가정의학 시리즈 ⑨
완벽한 냉증 치료법

❋ 현대 가정의학 시리즈 ⑩
갱년기장해 치료법

❋ 현대 가정의학 시리즈 ⑪
감기 예방과 치료법

❋ 현대 가정의학 시리즈 ⑫
불면증 치료법

❋ 현대 가정의학 시리즈 ⑬
비만증 치료와 군살빼는 요령

❋ 현대 가정의학 시리즈 ⑭
완벽한 치질 치료법

❋ 현대 가정의학 시리즈 ⑮
허리·무릎·발의통증 치료법

❋ 현대 가정의학 시리즈 ⑯
코 알레르기 치료법

❋ 현대 가정의학 시리즈 ⑰
어깨결림 치료법

❋ 현대 가정의학 시리즈 ⑱
기미·잔주름 방지법

❋ 현대 가정의학 시리즈 ⑲
자율신경 실조증 치료법

❋ 현대 가정의학 시리즈 ⑳
간장병 예방과 치료영양식

최신판